이야기대화식 책별 성경연구 » 구약

SERIES

이대희 지음 | 바이블미션 편

창세기 2

아브라함(창세기 12~25장)

엔크리스토

이야기대화식 책별 성경연구 시리즈를 펴내면서

그리스도인이라면 누구나 한 가지 소망이 있습니다. 그것은 성경 66권을 공부하는 일입니다. 이 일이 쉽지는 않지만 누구나 한 번쯤 도전하고 싶을 것입니다.

성경을 공부하는 방법으로는 보통 주제별, 제목별, 개관별 등의 방법이 있지만, 성경공부의 진수를 맛보려면 책별 성경공부 이상 좋은 것이 없습니다. 새롭게 편성하여 주제를 맞추어 공부하는 것보다는 성경 자체를 가감 없이 공부하는 것이 더욱 필요합니다.

이런 의도에서 필자는 엔크리스토 성경대학을 통하여 수강생들과 같이 수년 동안 책별로 매년 한 권씩 연구해 나가고 있습니다. '이야기대화식 책별 성경연구 시리즈'는 그동안 성경대학에서 워크숍을 통해 함께 연구한 것을 토대로 다시 정리하고 펴낸 시리즈입니다. 탁상에서 집필한 것을 현장에서 사용함으로써 피드백을 거친 정통한 시리즈입니다. 어려운 작업이지만, 성경 66권 모두를 연구하고 펴낼 수 있기를 기도합니다.

성경을 공부하는 것은 영적 성장에 있어서 대단히 중요한 일입니다. 설교를 듣는 것으로는 영적 성장에 한계가 있습니다. 신앙의 홀로서기를 위해서는 개인적인 성경연구와 소그룹을 통한 성경공부가 필수입니다. 어느 한쪽으로 치우치지 않고 균형잡힌 신앙, 즉 하나님이 원하시는 온전한 신앙으로 자라기 위해서는 성경 자체를 공부해야 합니다.

그동안 한국 교회에서는 주로 강해설교를 통해 성경공부를 했습니다. 그러나 이제는 한 걸음 더 나아가 성도들이 그룹으로 성경 본문 자체를 연구하면서 스스로 성경을 보는 눈을 키워야 합니다. 이를 위해선 누구나 여행하는 마음으로 성경 속으로 들어가 공부할 수 있는 책별 성경공부가 필요하다는 생각이 들었습니다. 그래서 한국 상황에 맞는 이 시리즈가 탄생하게 되었습니다.

성경을 점점 더 멀리하는 이 시대이지만 주님께서는 성경을 통해 믿음이 다음 세대까지 전수되고 말씀을 통해 주님의 제자가 세워지기를 간절히 원하십니다. 저 또한 이야기대화식 성경연구 시리즈가 말씀을 회복하는 일에 쓰이기를 원합니다. 본 교재를 통해 성경의 참맛을 느끼고 말씀의 재미를 경험한다면 이보다 더 의미 있는 일은 없을 것입니다.

그동안 많은 분들이 이야기대화식 성경연구 방법을 현장에 적용하면서 성경을 보는 눈이 열리고 말씀을 재미있게 보게 되었다고 고백하고 있습니다. 이 교재를 사용하는 분들에게도 같은 은혜가 있기를 기도합니다. 말씀을 나누는 각 교회 현장에서 성경이 살아나고 영혼이 살아나며 교회와 가정과 이웃과 민족이 생기를 얻는다면 이보다 더 좋은 일은 없을 것입니다.

말씀을 통한 새 역사를 꿈꿉니다. 또 말씀이 동력이 되어 교회와 개인의 신앙이 성장하기를 소원합니다. 우리의 모든 삶은 세상적인 경험이나 사조, 유행이 아닌 말씀에서 나와야 합니다. 모든 것의 근원인 말씀에서 삶과 프로그램이 나온다면 그것이야말로 말씀의 성육신을 이루는 삶이라 할 수 있습니다. 이야기대화식 책별 성경연구 시리즈가 말씀의 생활화를 이루는 초석이 되기를 기도합니다.

성서사람 · 성서교회 · 성서한국 · 성서나라가 이루어지는 그 날을 꿈꾸며

이 대 희

교 재 의 특 징

1 성경 전체 66권을 각 권별로 자유롭게 선택하여 사용할 수 있는 성경공부입니다.

2 드라마를 보며 여행을 하는 재미를 경험하는 내러티브 성경공부입니다.

3 모든 세대(중등부~장년부) 누구나 참여할 수 있는 총체적 성경공부입니다.

4 이야기와 대화를 사용하는 소그룹, 셀그룹, 구역 등에 적합한 성경공부입니다.

5 다양한 상황(성경강해, 기도회, 성경공부 모임)에 응용할 수 있는 성경공부입니다.

6 성경 전체를 체계적으로 연구할 수 있는 성경공부입니다.

7 장기적으로 신앙성장을 이루는 균형 잡힌 평생 양육 성경공부입니다.

8 귀납적 방법과 이야기대화식 방법을 조화시킨 한국 토양에 맞는 성경공부입니다.

9 말씀의 능력을 체험하면서 삶의 변화를 이루는 역동적 성경공부입니다.

10 성경 속으로 누구나 쉽게 다가서며 말씀의 깊이를 체험하는 성경공부입니다.

11 영적 상상력과 응용력을 키워주는 창의적 성경공부입니다.

차 례

교재 사용에 앞서

1 책별 성경연구 시리즈는 연속극처럼 연결되는 맛이 있으므로 장면 장면이 서로 이어지게 하면서 하나의 이야기로 이끌어가도록 합니다.

2 어떤 사상이나 교리보다는 성경말씀 자체를 사랑하며 말씀이 나를 보도록 하고 오늘 나에게 주시는 음성을 듣는 데 초점을 맞춰야 합니다.

3 교재에 너무 의지하기보다는 교재에 나와 있는 질문을 중심으로 각자 새롭게 상황에 따라 창의적으로 만들어가면서 본문 말씀 안으로 들어가도록 합니다.(Tip은 먼저 보지 말고 이해되지 않을 때 참고)

4 성경을 연구하면서 점차 성경을 보는 눈과 능력을 배양하고 성경 안으로 깊이 들어가는 데 목표를 둡니다.

5 일방적인 강의보다는 소그룹에서 대화를 나누는 방식으로 그룹 활성화를 이루어 성경공부의 흥미를 유발합니다. (자세한 인도자 노하우는《이야기대화식 성경연구(이대희 저, 엔크리스토 간)》를 참조)

6 성경책별의 유형을 잘 살펴서 그것에 맞는 특징을 살리면 더욱 성경공부가 흥미롭습니다.

7 책별 성경연구는 각 과가 장면 형태로 구성되어 있고 기존의 지식형 공부방법을 탈피하여 드라마나 영화장면을 보는 것처럼 입체적 상상력을 갖고 성경을 공부하는 방식입니다.

8 각 과가 진행될 때 해당하는 과를 모두 마쳐야 한다는 중압감을 벗고 상황에 따라 과를 두 번에 나누어 진행하는 등 성령의 인도에 따라 진행을 자유롭게 하는 것이 좋습니다.

그리스도인 이라면 누구나 갖는 한 가지 소망……

이 한 권에 담긴 이야기의 소망……

Narrative

창세기 2

아브라함(창세기 12~25장)

Narrative

창세기 2

아브라함(창세기 12~25장)

1. 아브라함 이야기

아브라함은 구약에서는 이스라엘 민족의 조상이면서 신약에서는 그리스도인의 믿음의 조상입니다.
아브라함의 이야기는 하나님이 주신 약속을 어떻게 신뢰하면서 지켜나가는가에 중심주제를 두고 있습니다. 그는 약속을 받고 약속의 땅에 도착하지만 약속을 신뢰하지 못하여 애굽으로 이주하고, 하나님을 절대적으로 신뢰하지 못하고 바로와 아비멜렉을 속이는 연약한 모습을 보입니다. 또 약속을 기다리지 못하고 하갈과 동침하여 이스마엘을 낳는 인간적인 연약함을 보이기도 합니다. 그러나 이삭을 바치는 어려운 시험에 통과하면서 믿음의 조상다운 모습을 보여줍니다. 특히 사라가 죽을 때 막벨라 굴(약속의 땅)을 돈 주고 사는데 이것은 아브라함과 이삭과 야곱이 언약이 완성될 미래를 기다리면서 육신의 안식을 누리는 장면으로 마무리됩니다. 아브라함은 죽는 순간까지 약속의 땅에서 이루어질 하나님의 언약에 대한 확신을 가지고 죽었습니다. 아브라함의 이야기는 시작과 마무리 모두 약속으로 일관되게 소개되고 있습니다.
"여호와를 믿으니 여호와께서 이를 그의 의로 여기시고"(창 15:6)의 말씀을 통해 성경은 아브라함이 전적으로 믿음의 사람이었음을 말하고 있습니다.

〉〉아브라함의 중요한 일생

1. 75세—부르심을 받음(창 12:4)
2. 85세—하갈을 취함(창 16:3)
3. 86세—이스마엘 출생(창 16:16)
4. 99세—이삭 탄생의 예고(창 17:1, 사라는 89세)
5. 100세—이삭 출생(창 21:5)
6. 137세—사라의 죽음(창 23:1, 127세)
7. 175세—아브라함의 죽음(창 25:7)

〉〉아브라함과 이야기의 내용구조(창세기 12~25장)

1. 가나안 이주(12~13장)
2. 아브라함의 전쟁(14장)
3. 아브라함의 언약(15~16장)
4. 할례 받음(17장)
5. 소돔과 고모라(18~19장)
6. 아브라함과 아비멜렉(20장)
7. 이삭의 탄생(21장)
8. 이삭을 바침(21~22장)
9. 사라의 죽음(23장)
10. 이삭의 결혼(24장)
11. 아브라함의 죽음(25:1~18)

2. 아브라함의 이야기

약속(언약)의 부름 (12~14장)

1. 약속을 따라 우르 떠남
2. 하란에서 지체
3. 가나안(벧엘) 도착(약속의 땅 황무함)
4. 애굽에 내려감(사라 위기)
5. 가나안(벧엘)에 돌아옴(회복)
6. 믿음 성숙(롯에게 양보)
7. 최초의 전쟁—롯 구출
8. 영적교제—멜기세덱과 만남

언약 체결 (15~16장)

1. 하나님과 맺은 언약1
2. 하갈과 결혼, 이스마엘 출생

창 15:6 "아브람이 여호와를 믿으니 여호와께서 이를 그의 의로 여기시고"

* 출 2:24, 6:2~8; 왕하 13:23

언약의 재확인 (17~21장)

1. 하나님과 언약 2
2. 소돔과고모라—롯 이야기
3. 그랄에서 아비멜렉에게 반복한 범죄(사라 위기)
4. 이삭의 잉태—하갈 쫓겨남

언약에 대한 아브라함의 확신 (22~23장)

1. 약속의 시험을 받는 아브라함
2. 사라의 죽음. 막벨라 묘지 매입

아브라함의 언약 다음 세대 연결 (24장)

1. 이삭의 며느리로 리브가 맞이함
2. 아브라함의 죽음. 막벨라 장사

〉〉 지리적 배경

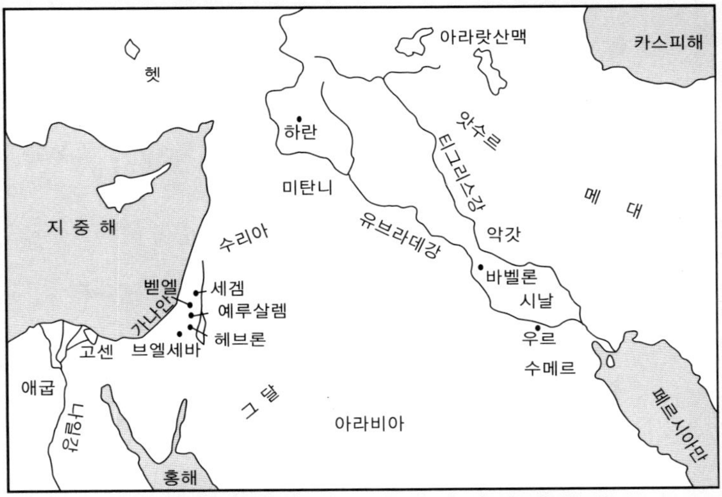

아라랏산맥
카스피해
헷
하란
앗수르
티그리스강
미타니
메
대
지 중 해
수리아
유브라데강
악갓
바벨론
벧엘
세겜
가나안
예루살렘
시날
헤브론
우르
고센
브엘세바
수메르
애굽
나일강
그 달
아라비아
페르시아만
홍해

SCENE 1

부름받은 아브람

| 성경 본문 | 창세기 12:1~9

노아의 후손이 온 땅에 흩어져 인류 역사를 이루었습니다. 셈의 후손 가운데 하나인 아브람을 갈대아 우르에서 부르신 것은 믿음의 조상으로서 새롭게 시작한다는 중요한 의미가 있습니다. 즉 인류의 죄악된 상황을 해결하는 하나님의 구원의 서곡이라고 할 수 있습니다. 인간의 노력이 아니라 전적으로 하나님의 선택으로 구원이 이루어지고 있습니다. 아브람의 부르심은 하나님의 구원의 원리를 보여주는 중요한 출발점입니다.

말씀의 살핌

1. 하나님이 아브람에게 주신 약속(비전)은 무엇입니까?(1)

2. 아브람에게 왜 고향 우르를 떠나 약속의 땅으로 가라 했습니까?(2)

3. 아브람에게 주신 축복의 말씀은 무엇입니까?(3)

4. 아브람은 무엇을 따라 지시할 땅으로 갔습니까? 같이 간 사람은 누구이며 그때 나이는 얼마입니까? (4)

5. 결국 아브람은 가나안 땅에 들어가서 하나님께 어떤 말씀을 받았습니까?(5~7)

6. 아브함이 하나님의 약속의 말씀을 듣고 한 일은 무엇입니까?(7~9)

말씀의 깨달음

1. 아브람이 부름을 받은 장면을 통해 발견되는 구원의 원리는 무엇이며 오늘 그리스도인과 교회에 주는 도전은 무엇입니까?

Tip 아브람의 부르심은 하나님의 약속에 따른 부름이었습니다. 약속이 아브람을 이끌어 갔습니다. 그리스도인의 구원 역시 인간의 행위가 아닌 하나님의 말씀을 들으면서 시작됩니다. 하나님은 말씀이십니다. 오늘도 하나님은 말씀을 통하여 나를 부르시고 구원하십니다.

2. 아브람과 롯이 갈 바를 알지 못하는데도 하란을 떠나게 한 것은 각각 무엇입니까?(참고, 히 11:8)

1) 롯 :

2) 아브람:

Tip 아브람은 하나님의 약속이 있었지만 조카 롯은 삼촌 아브람을 믿고 따른 점에서 달랐습니다. 그 결과 아브람과 롯의 훗날의 모습도 달랐습니다. 말씀의 부름만이 나를 영원하게 하고 실망시키지 않습니다.

3. "너는 복의 근원이 된다"는 말씀의 뜻을 정리해 보십시오.

Tip 뿌리는 모든 것을 만들어 내는 원리입니다. 눈에 보이지 않지만 위대한 힘이 뿌리에 있습니다. 뿌리는 하나이지만 열매는 엄청납니다. 뿌리 자신을 희생하지만 자기를 통하여 다른 사람을 행복하게 하고 복되게 합니다. 나는 사라지지 않는 뿌리와 같은 존재입니까, 잠시 피었다 지는 꽃과 같은 존재입니까?

4. 아브람이 단을 쌓은 곳은 이방의 땅입니다. 세겜은 우상 중심의 장소이며 벧엘(하나님의 집)은 이방 종교 도시인 루스였습니다. 그런 곳에서 하나님 앞에 단을 쌓고 여호와의 이름을 부르는 것은 어떤 영적 의미가 있습니까? 후에도 이러한 일은 반복하여 나타나고 있습니다.(참고, 창 13:18, 22:9)

Tip 그리스도인은 역사에 타협하는 사람이 아니라 역사를 바꾸는 존재입니다. 하나님을 만난 아브람은 가는 곳을 변화시키는 믿음의 사람이었습니다. 우상숭배의 자리를 하나님의 자리로 바꾸는 힘이 아브람에게 있었고 그것이 아브람에게 주신 하나님의 소명이었습니다. 내가 머문 곳은 어떤 곳입니까? 루스입니까, 벧엘입니까?

말씀의 실천

1. 오늘 말씀을 통해 깨달은 영적교훈과 붙잡아야 할 약속의 말씀은 무엇입니까?

2. 오늘 말씀을 통해 실천에 옮겨야 할 내용과 한 주간 실천계획을 세워 보십시오.

3. 오늘 말씀을 통해 얻은 각오와 신앙의 결단을 말해 보십시오.

4. 오늘 이 시간 내가 드려야 할 기도는 무엇입니까?(기도 제목을 놓고 각자 기도한다)

내가 깨달은 영적 교훈과 삶의 적용

SCENE 2

애굽으로 내려간 아브람

| 성경 본문 | 창세기 12:10~20

신앙을 위하여 갈대아 우르를 떠난 아브람이 흉년이 들어 애굽으로 내려간 것은 신앙의 위기를 보여주는 사건입니다. 물론 고향인 갈대아 우르로 다시 돌아가지 않은 것은 다행한 일이지만 애굽으로 내려간 것은 아브람의 불신앙을 보여주는 것입니다. 믿음으로 부름을 받았지만 그 믿음이 성숙하기 위해서는 많은 연단과 훈련이 필요함을 보여줍니다. 행위의 부름이 아니라 전적으로 하나님의 은혜와 믿음의 부름인 것을 알려주는 장면입니다.

말씀의 살핌

1. 아브람은 왜 남방인 애굽으로 내려갔습니까?(10)

2. 애굽에 가까이 이르렀을 때 아브람에게는 어떤 두려움이 생겼습니까? 그것에 대비하기 위한 대처를 미리 준비했는데 그 내용을 말해 보십시오.(11~13)

Tip 이때 사래의 나이는 65세 정도였을 것입니다. 애굽 인들은 피부가 갈색이지만 히브리인은 백색이기에 그녀는 애굽 인의 눈에 쉽게 띄었습니다. 고대 바로는 아름다운 유부녀를 만나면 군대를 보내어 그녀의 남편을 죽이고 여자를 궁으로 데려 갔다는 기록이 있습니다(삼하 11:22~26). 아브람이 누이라고 한 것은 반은 사실이었으나(창 20:12) 반은 거짓이었습니다. 이런 경우에 참된 히브리인의 부인은 남편을 위해 자신을 기꺼이 희생했고 이런 행위를 패륜으로 규정하지 않았습니다.

3. 아브람의 우려대로 애굽에 이르자 어떤 일이 일어났습니까?(14~15)

4. 바로가 사래를 취한 대가로 아브람에게 무엇을 선물로 주었습니까?(16)

5. 바로는 사래를 취함으로 인해 어떤 어려움을 당했습니까?(17)

6. 바로는 어려움을 당하자 아브람을 불러서 어떻게 조치했습니까?(18~20)

말씀의 깨달음

1. 하나님은 믿음으로 이끄신 땅에 기근이 들게 함으로 아브람을 시험하셨습니다. 결국 아브람은 하나님을 신뢰하기보다는 나일 강의 물을 찾아 장막과 제단을 버리고 애굽으로 내려갔습니다.
하나님의 약속보다 이방 땅을 신뢰하는 아브람의 연약함을 통해 어떤 믿음의 교훈을 얻을 수 있습니까?(사 31:1; 신 11:8~12)

Tip 인간은 불완전합니다. 하나님의 은혜로 시작한 아브람도 기근 앞에서는 낙심하여 살길을 찾았습니다. 하나님의 부름을 받아 먼 거리를 달려왔지만 막상 가나안은 기근이 들어 살 수 없는 땅이었습니다. 아직 어린아이와 같은 아브람의 신앙으로는 눈에 보이지 않는 하나님을 온전히 신뢰하는 것은 무리였나 봅니다. 끝까지 신뢰하고 포기하지 않으며 하나님의 약속만을 바라보는 것이 믿음입니다.

2. 애굽에서 일어난 어려움은 아브람이 계속 하나님을 신뢰하지 못하고 애굽과 인간을 의지하게 하는 결과를 가져왔습니다. 죄는 또 다른 죄를 잉태합니다. 아브람이 목숨을 건지기 위하여 자기 아내를 바로에게 줄 수 있었던 것은 하나님의 약속에 대한 관심이 멀어져서입니다. 결국 이것은 하나님이 아브람의 자손에게 복 주시는 일에 어떤 문제를 야기합니까?

Tip 약속을 저버린 아브람에 비하여 하나님은 약속을 지키시는 분입니다. 한 사람이 어기면 다른 한 사람이라도 지켜야 하는 것이 약속인데 지금 이때는 아브람이 아닌 하나님의 차례인 듯합니다. 사래가 이방사람의 아들을 낳는 것은 하나님의 약속을 그르치는 일이 되기 때문입니다. 아무것도 모르고 무책임하게 자기 목숨을 부지하고자 하는 아브람이 혹시 나의 모습은 아닌가요?

3. 아브람의 잘못된 행동 때문에 문제가 심각한 상황에 이르자 하나님은 적극적으로 개입하셔서 바로를 징계함으로 문제를 해결하십니다. 하나님의 적극적인 구원의 행동에 비하여 아브람은 아무런 행동을 취하지 않았는데 이것은 우리에게 무엇을 교훈하려고 하는 것입니까?

Tip 구원을 위해 아무것도 할 수 없는 아브람이 왠지 불쌍하게 느껴집니다. 말씀을 지키는 일에 관심 없는 아브람에 비해 하나님은 말씀을 충성스럽게 지키며 주도적으로 나서서 일을 처리하십니다. 이러한 하나님께서 지금도 나의 삶에서 계속 일하고 계십니다. 특히 무엇을 했다고 교만하며 자랑하는 인간을 향해…….

말씀의 실천

1. 오늘 말씀을 통해 깨달은 영적교훈과 붙잡아야 할 약속의 말씀은 무엇입니까?

2. 오늘 말씀을 통해 실천에 옮겨야 할 내용과 한 주간 실천계획을 세워 보십시오.

3. 오늘 말씀을 통해 얻은 각오와 신앙의 결단을 말해 보십시오.

4. 오늘 이 시간 내가 드려야 할 기도는 무엇입니까?(기도 제목을 놓고 각자 기도한다)

내가 깨달은 영적 교훈과 삶의 적용

SCENE 3

롯과 아브람의 이별

| 성경 본문 | 창세기 13:1~18

본문은 아브람과 롯의 두 가지 신앙을 보여주고 있습니다. 물질의 문제 앞에서 아브람과 롯이 한 선택은 우리 신앙인들이 가야 할 길이 어떤 길임을 가르쳐 주고 있습니다. 눈앞에 놓인 현실에 안주하기보다는 미래의 약속을 바라보면서 하나님을 선택하는 아브람의 신앙은 우리에게 큰 도전을 주고 있습니다.

아브람과 롯의 이별은 소유와 번영의 이별입니다.

말씀의 살핌

1. 아브람이 애굽에서 나올 때의 모습이 어떠했습니까?(1~2)

2. 아브람 일행은 다시 어느 곳에 이르렀습니까?(3~4)

3. 많은 소유를 풍부하게 얻은 아브람과 롯에게 문제가 발생했는데 그것은 무엇입니까?(5~7)

4. 이방인들까지 있는 상황에서 서로 다툼이 생기자 아브람은 이 문제의 해결책을 제시했는데 그것은 무엇입니까?(8~9)

5. 롯은 어디를 선택했으며 아브람은 어디에 거하였습니까?(10~12)

6. 롯이 선택한 땅은 어떤 곳입니까?(13)

7. 롯이 떠난 후에 하나님은 헤브론 땅에 거한 아브람에게 나타나셔서 어떤 축복의 말씀을 주셨습니까?(14~17)

8. 아브람은 약속을 받고 헤브론의 마므레 상수 수풀에서 하나님을 위하여 무엇을 했습니까?(18)

말씀의 깨달음

1. 물질의 풍부함은 결국 아브람과 롯의 사람들이 서로 욕심 때문에 다투는 문제로 연결되었습니다. 사실 애굽에서 많은 물질을 얻게 된 것은 하나님의 은혜 때문입니다. 무엇보다도 물질의 문제 앞에서 잘 다투게 되는 이유는 무엇입니까?

Tip 물질이 많으면 모든 것이 해결된다구요? 돈만 있으면 최고라구요? 천만의 말씀입니다. 인간은 근본적으로 죄인이라 하나님보다는 물질을 좋아하게 되어 있고 물질이 많을수록 죄성은 더 커져 모든 관계를 파괴하고 자기중심으로 가게 됩니다. 물질은 숨은 욕심과 나의 죄악을 들추어내는 특징이 있습니다.

2. 아브람은 다툼이 생겼을 때 물질보다는 사람과의 관계를 소중하게 생각하면서 "네가 좌하면 나는 우하고 네가 우하면 나는 좌하리라"(9절) 제안했습니다. 이 말씀을 통해 얻는 영적 교훈은 무엇입니까?

Tip 사람을 사귈 때 물질이 아닌 관계가 중요합니다. 믿음은 관계를 소중하게 여기는 것입니다. 맨 마지막에 남는 것은 물질이 아닌 관계입니다. 하나님과 인간의 관계입니다. 이 관계를 잃으면 모두를 잃은 것이 됩니다. 물질에 초연한 아브람. 아마 애굽에서 하나님의 큰 은혜를 체험했기 때문이 아닐까요?

3. 롯은 미래보다는 현재를, 약속보다는 물질의 풍요를 선택했습니다. 롯이 눈을 들어 본 것은(10) 물욕이었지만 아브람이 눈을 들어 본 것은(14) 하나님의 약속이었습니다. 이것은 오늘날 우리에게 어떤 도전을 줍니까?

Tip 당장 눈앞의 이익만 생각하는 롯은 소돔의 사람이지만 먼 미래를 바라보는 아브람은 약속의 사람입니다. 당장의 이익과 명예만 바라보다가 인생이 파멸한 사람이 많습니다. 그럼에도 지금도 수많은 사람은 짐승처럼 허기진 배만 채우는 욕망으로 살아가고 있습니다. 떡 속에 감추어진 생명을 보지 못하고 떡만 좇아가는 나는 아닌가요?

4. 아브람은 마음을 비우고 좋은 땅을 롯에게 양보하였으나 하나님은 그보다 더 큰 것, 즉 동서남북 눈으로 볼 수 있는 땅 전부를 주셨습니다. 동은 모압의 산맥들과 요단의 골짜기, 서는 문자적으로 바다 지중해, 남은 헤브론의 산맥, 북은 유다와 비옥한 사마리아 평야입니다.
이런 아브람의 믿음을 갖기 위하여 우리에게 어떤 것들이 필요합니까?

Tip 주님을 위해서 죽고자 하면 주님은 모든 것을 더해 주십니다. 비우면 행복합니다. 그러나 욕심 부리면 부릴수록 불행합니다. 다른 사람에게 양보하고 나누어주는 사람은 하나님이 더 큰 것으로 채워 주십니다. 믿음은 버려야 주어지는 특징이 있습니다. 회개할 때 비로소 복음이 믿어집니다. 큰 믿음은 얼마나 자기를 버리는가에 비례합니다.

말씀의 실천

1. 오늘 말씀을 통해 깨달은 영적교훈과 붙잡아야 할 약속의 말씀은 무엇입니까?

2. 오늘 말씀을 통해 실천에 옮겨야 할 내용과 한 주간 실천계획을 세워 보십시오.

3. 오늘 말씀을 통해 얻은 각오와 신앙의 결단을 말해 보십시오.

4. 오늘 이 시간 내가 드려야 할 기도는 무엇입니까?(기도 제목을 놓고 각자 기도한다)

내가 깨달은 영적 교훈과 삶의 적용

SCENE 4

롯을 구출하는 아브람

| 성경 본문 | 창세기 14:1~24

롯이 선택하여 간 풍부한 땅 소돔은 결국 동방 연합군에 의하여 침입을 당하는 결과를 맞이합니다. 소돔의 다섯 왕은 엘람 왕 그돌라오멜을 섬기다가 배반하였고 결국 그돌라오멜은 동방의 네 왕과 연합군을 조직하여 소돔을 침입합니다. 그들은 소돔군을 격파하였는데 그 영향으로 롯이 포로로 잡히는 신세가 되었습니다. 롯이 선택한 소돔 땅은 인간의 눈으로 볼 때는 좋게 보였지만 나중에 그곳은 불행한 곳이 됩니다. 하나님이 함께하지 않는 곳의 결말이 어떠한지 잘 보여주고 있습니다.

말씀의 살핌

1. 어떤 전쟁이 어디에서 일어났는지 말해 보십시오.(1~3)

2. 전쟁이 일어난 배경과 전쟁 상황을 말해 보십시오.(4~9)

3. 싯딤 골짜기에서 소돔 왕은 어떻게 패배했는지 그 모습을 말해 보십시오.(10~11)

4. 소돔에 있던 롯은 어떻게 되었습니까?(12)

5. 아브람은 롯이 포로가 되었다는 소식을 듣고 어떻게 조치를 취했습니까?(13~16)

6. 아브람이 전쟁에 이기고 개선할 때 살렘(평화)왕 멜기세덱을 만나는데 그는 누구입니까?(17~18)

7. 멜기세덱이 아브람에게 어떤 일을 했습니까?(18~20)

8. 아브람이 멜기세덱에게 무엇을 주었습니까?(20)

9. 소돔 왕이 아브람에게 전리품을 취하도록 제안했을 때 아브람은 어떻게 행동했습니까?(21~24)

말씀의 깨달음

1. 롯은 아브람과 결별할 때 물욕에 눈이 어두워 소돔 평지를 택했습니다(창 13:10~12). 그러나 물질의 선택은 결국 모든 것을 다 허비하는 불행을 초래하고 말았습니다. 이것은 롯에 대한 일차적인 경고입니다. 그럼에도 이것을 무시하고 계속 소돔에 거함으로 롯은 불행한 심판을 받게 됩니다. 하나님의 약속을 저버리고 세상을 선택한 결과가 어떠한지를 잘 보여주고 있습니다. 이것을 통해 어떤 영적 도전을 받습니까?

Tip 세상을 선택한 롯과 하나님을 선택한 아브람의 차이는 너무나 큽니다. 재물을 선택한 부자와 하늘나라를 얻은 거지 나사로와 같은 모습입니다. 물질을 넘어서는 영적 시야가 필요합니다. 보이는 것을 통해 보이지 않는 것을 보는 영적 혜안이 있어야 합니다. 물질에 빠져 계속 헤매는 롯과 같은 사람은 없습니까?

2. 약속을 버리고 떠난 롯을 포로에서 구하기 위해 자기의 군대를 데리고 친히 위험 속으로 들어간 아브람의 모습을 통해서 발견되는 위대한 점을 말해 보십시오.(다메섹 좌편 호바는 헤브론에서 무려 280km나 된다.)

Tip 조카 롯을 구하러 적진에 뛰어드는 아브람의 모습은 죄악 속에서 헤매는 죄인을 구원하시는 주님의 모습과도 흡사합니다. 욕심을 채우면서 자기 길로 간 롯을 미워하지 않고 끝까지 사랑하며 롯을 위해 희생을 아끼지 않은 아브람과 같은 사람이 되고 싶지 않으십니까? 인간적인 작은 감정들을 초월하고 하나님의 구원의 눈으로 바라보는 것이 믿음입니다.

3. 전쟁에 이기고 돌아오면서 아브람이 살렘 왕 멜기세덱(장차 오실 그리스도의 그림자)에게 십일조를 준 것은 우리에게 어떤 의미가 있습니까?(참고, 히 7:4~10) 또 소돔 왕이 전리품을 취하도록 제의했을 때 아브람이 "실 한 오라기나 들메끈 한 가닥도 내가 가지지 아니하리라"는 말로 단호히 거절하는 장면을 보면서 도전 받는 점은 무엇입니까?

Tip 십일조를 바치는 아브람, 전리품을 취하지 않고 물질에 관심을 두지 않는 아브람의 모습은 오늘 우리가 어떤 물질관을 가져야 하는지 가르쳐줍니다. 모든 것을 하나님의 것에서 출발하고 바라보면 문제될 것이 하나도 없습니다. 나의 모든 것을 가져간다 해도 그리 서운할 것이 없습니다. 주신 자도 하나님이시요 가져가신 분도 하나님이십니다. 나도 언제나 이런 모습을 갖게 될런지요?

말씀의 실천

1. 오늘 말씀을 통해 깨달은 영적교훈과 붙잡아야 할 약속의 말씀은 무엇입니까?

2. 오늘 말씀을 통해 실천에 옮겨야 할 내용과 한 주간 실천계획을 세워 보십시오.

3. 오늘 말씀을 통해 얻은 각오와 신앙의 결단을 말해 보십시오.

4. 오늘 이 시간 내가 드려야 할 기도는 무엇입니까?(기도 제목을 놓고 각자 기도한다)

내가 깨달은 영적 교훈과 삶의 적용

SCENE 5

후사의 언약

| 성경 본문 | 창세기 15:1~6

아브람의 제1기 생애는 12장에서 14장까지라 할 수 있고 15장부터는 제2기로 들어가게 됩니다. 그의 제2 인생은 다시 하나님의 언약을 받으면서 시작됩니다. 점차 신앙의 연단을 받아 온전한 신앙으로 발전해 나감을 볼 수 있습니다. 아브람은 언제나 자기가 먼저가 아니라 약속이 앞서 가고 자신은 뒤따라갔습니다. 이러한 원리를 계속 발견할 수 있습니다.

아브람의 약속은 창세기 12:1~3에서 요약했고, 창세기 13:14~18에는 확대되었고, 이제 창세기 15장에서는 언약의 약속으로서 더 분명히 인준됩니다.

말씀의 살핌

1. 롯을 구출한 후 두려워하고 있는(동맹군의 보복공격을 두려워함, 늙도록 자식이 없는 것) 아브람에게 하나님은 환상 중에 나타나셔서 격려의 말씀을 하셨는데 그 내용은 무엇입니까?(1)

2. 아브람은 무자한 자기의 상속자가 누구라고 말했습니까?(2~3)

3. 하나님은 아브람에게 어떤 약속을 주셨습니까?(4)

4. 하나님이 아브람에게 약속에 대한 확신으로 구체적인 모습을 시각적으로 보여주신 것은 무엇입니까?(5)

5. 아브람은 하나님의 약속에 대해 어떤 반응을 보였습니까? 이런 아브람의 믿음을 보시고 하나님은 어떤 복을 주셨습니까?(6)

말씀의 깨달음

1. 1절 "나는 너의 방패요 너의 지극히 큰 상급이니라"는 말씀의 의미는 무엇입니까? (참고, 신 33:29; 시 3:3, 18:2, 30)

Tip 사람들은 세상 속에서 만족을 찾으려고 합니다. 그러나 진정한 나의 만족은 하나님입니다. 우리가 기뻐하는 것은 일의 결과 때문이 아니라 하나님 때문이어야 합니다. 나를 끝까지 책임지고 지켜주시고 복을 주시는 분은 하나님 그분이십니다.

2. 아브람이 아들이 없음을 슬퍼하면서 자기의 종을 상속자로 삼는다고 말할 때 하나님은 아브람에게 약속을 주시면서 네 몸에서 후사가 날 것이라고 말씀하셨습니다. 그리고 확신을 주기 위하여 밖으로 나가 하늘의 뭇별을 보여주셨는데 하나님이 말씀으로만 그치지 않고 이렇게 실물교육을 한 이유는 무엇입니까?

Tip 젊은 나이가 아닌 75세가 넘은 늙은 나이에 아이를 갖는다는 것은 무리입니다. 그러나 하나님은 아브람에게 아들을 다른 사람이 아닌 그의 몸에서 주신다고 했습니다. 하나님은 불가능이 없으신 분입니다. 쉽게 믿어지지 않지만 그것을 믿는 것이 믿음입니다. 얼마나 많은 자손을 주실지 하늘과 모래로 믿음의 그림을 그리게 하셨습니다. 믿음은 작은 씨앗 속에서 새들이 지저귀는 노래를 듣는 것입니다.

3. 6절 "아브람이 여호와를 믿으니 여호와께서 이를 그의 의로 여기시고"의 말씀은 바울의 유명한 '믿음으로 구원을 받는다'는 칭의(Justification) 교리의 핵심내용입니다. 이것의 의미를 말해 보십시오. (참고, 갈 3:16; 롬 4:3; 약 2:23)

Tip 인간은 하나님 앞에서 자랑할 것이 하나도 없습니다. 우리가 구원을 받는 것은 전적으로 하나님의 은혜입니다. 무엇이 하나님의 마음에 들게 하는지 확실하지 않지만 인간의 생각을 넘어선 하나님의 방법입니다. 믿음은 내가 무엇을 하는 것이 아니라 하나님이 하신 것을 내가 믿는 것입니다. 언제나 믿음에서 행위의 주체는 내가 아닌 하나님이십니다.

말씀의 실천

1. 오늘 말씀을 통해 깨달은 영적교훈과 붙잡아야 할 약속의 말씀은 무엇입니까?

2. 오늘 말씀을 통해 실천에 옮겨야 할 내용과 한 주간 실천계획을 세워 보십시오.

3. 오늘 말씀을 통해 얻은 각오와 신앙의 결단을 말해 보십시오.

4. 오늘 이 시간 내가 드려야 할 기도는 무엇입니까?(기도 제목을 놓고 각자 기도한다)

내가 깨달은 영적 교훈과 삶의 적용

SCENE 6

기업의(횃불) 언약

| 성경 본문 | 창세기 15:7~21

하나님은 아브람에게 후사뿐 아니라 기업의 축복을 약속하십니다. 즉 가나안 땅을 아브람에게 주겠다는 언약을 주시고 횃불 언약 의식을 통하여 그것이 성취될 미래사를 보여 주십니다. 시간적으로 밤(5절)과 낮(11절), 다시 밤(12절)이 되는 과정은 특이한 전개 부분입니다.

말씀의 살핌

1. 하나님은 아브람에게 기업의 약속을 하십니다. 어떤 내용입니까?(7)

2. 아브람이 하나님에게 이 땅을 자기의 기업으로 주시는 것의 증표를 요구할 때 하나님은 어떤 보증을 보여 주셨습니까?(8~11)

3. 해질 때 아브람이 깊이 잠이 든 중에 하나님은 아브람에게 나타나셔서 무슨 말씀을 하셨습니까?(12~16)

4. 이스라엘 백성이 애굽에서 4대 만에 이 땅으로 돌아오는데 그때는 무엇에 근거하여 정해졌습니까?(16)

5. 해가 져 어두울 때 어떤 일이 일어났습니까?(17)

6. 하나님과 아브람은 약속이 성취된다는 증표로 횃불이 쪼갠 고기 사이로 지나가는 횃불 언약을 세웠습니다. 이때 아브람에게 주신 예언의 말씀은 무엇입니까?(18~21)

말씀의 깨달음

1. 하나님은 아브람에게 땅을 기업으로 주겠다는 약속을 주시면서 그것에 대한 보증으로 언약 의식을 행하셨습니다. 짐승은 쪼개고 새는 쪼개지 않았으며(레1:17, 한쪽에는 집비둘기, 다른 한쪽에는 산비둘기를 놓음) 솔개를 쫓았습니다. 솔개는 부정한 짐승으로 만약 언약의 고기를 먹으면 언약 성립이 되지 않는 상황입니다. 아브람이 잠들었을 때 횃불이 통과하면서 언약을 체결하는데 하나님이 왜 이런 언약(쪼갠다는 뜻)의 의식을 통하여 해야만 했을까요?(참고, 히 9:19~22)

Tip 고대의 계약은 계약하는 쌍방이 제물로 죽여 쪼갠 동물들 사이를 걸어감으로 협정이 이루어졌습니다. 만약 약속을 어기면 쪼개진 시체처럼 쪼개는 죽음을 당하게 된다는 뜻이 포함되어 있습니다. 성경에는 피의 언약(창 15:10; 렘 34:18~19), 신발의 언약(룻 4:7~8), 소금의 언약(민 18:19)이 나옵니다.

2. 횃불 언약을 할 때 아브람은 잠들어 아무 일을 하지 않고 하나님만이 통과하셨습니다(17절). 이렇게 한 이유는 무엇입니까?

(원래는 쪼갠 짐승 사이를 언약자 쌍방이 같이 통과한다. 횃불은 하나님의 임재 상징이다.)

Tip 하나님과 인간은 서로 인격적인 언약의 관계로 약속을 맺었습니다. 그러나 다른 점은 하나님이 주도하신다는 것입니다. 인간이 부족하기에 그렇습니다. 어떻게 보면 하나님과 약속을 맺기에 합당하지 않은 부적격자인 우리를 약속의 대상으로 삼고 언약하시는 것이 놀라울 뿐입니다.

3. 아브람은 약속을 받고 시작으로서의 역할을 하다가 평안히 죽습니다. 그러나 이 약속은 아브람의 자손이 나중에 애굽에서 제4대를(출 6:16~20, 아브람의 증손자인 레위가 1세대, 레위의 아들 고핫이 2세대, 고핫의 아들 아므람이 3세대, 아므람의 아들 모세가 4세대) 거친 후에 가나안 땅에 돌아오면서 드디어 성취된다는 예언의 말씀입니다. 약속과 성취의 관점에서 아브람과 비교하여 우리의 믿음생활의 원리를 말해 보십시오.

Tip 이 세상은 약속으로 진행되는 역사입니다. 인간의 모든 일도 약속에 따라 일이 진행됩니다. 약속이 없으면 아무것도 일어나지 않습니다. 일은 언제나 약속에 따른 성취로서 나타납니다. 약속은 일보다 우선입니다. 약속이 있고 그 다음에 일이 존재합니다. 일은 약속을 성취하는 의미에서 가치가 있습니다. 약속과 상관없는 일의 성취는 무의미합니다. 지금도 하나님의 약속과 상관없이 일하는 사람이 얼마나 많습니까?

말씀의 실천

1. 오늘 말씀을 통해 깨달은 영적교훈과 붙잡아야 할 약속의 말씀은 무엇입니까?

2. 오늘 말씀을 통해 실천에 옮겨야 할 내용과 한 주간 실천계획을 세워 보십시오.

3. 오늘 말씀을 통해 얻은 각오와 신앙의 결단을 말해 보십시오.

4. 오늘 이 시간 내가 드려야 할 기도는 무엇입니까?(기도 제목을 놓고 각자 기도한다)

내가 깨달은 영적 교훈과 삶의 적용

SCENE 7

언약의 시험

| 성경 본문 | 창세기 16:1~24

확실하게 하나님의 언약과 증표까지 받았음에도 불구하고 아브람과 사래는 하나님의 약속을 기다리지 못하고 인간적인 방법으로 하나님의 약속을 성취하려고 했습니다. 하나님의 시험에 아브람은 합격하지 못하고 실패했습니다. 아무리 목표가 하나님에 대한 것이라 해도 그 방법이 인간적이라면 그것은 불신앙입니다. 비전은 물론 비전을 이루는 수단과 방법도 동일하게 하나님의 방법으로 해야 합니다.

말씀의 살핌

1. 아브람의 아내 사래의 문제는 무엇입니까? 사래와 아브람은 이 문제를 어떻게 해결했습니까?(1~2)

2. 하갈을 첩으로 얻은 때는 언제입니까?(3)

3. 하갈이 잉태하자 하갈은 사래에게 어떤 행동을 했습니까?(4)

4. 사래는 하갈의 문제를 어떻게 처리했습니까?(5~6)

5. 하갈이 사래의 학대를 피하여 광야로 피신가다가 하나님의 사자를 만난 과정을 말해 보십시오.(6~8)

(당시 성지에서 애굽으로 가는 길은 두 길인데 하나는 블레셋인의 길(출 13:17)로 해안선을 따라가는 대상들의 길이고, 또 하나는 술 길로서 브엘세바에서 대상의 길과 나누어지고 술 광야를 관통해 가는 지름길이었다. '술' 은 '성벽' 이라는 뜻으로 애굽의 동북편 지대다.)

6. 하나님이 하갈에게 나타나서 주신 말씀을 정리해 보십시오.(9~12)

('들나귀 같은 사람' 이란 말은 아랍인의 생태를 묘사하며 그것이 베드윈(Bedouins)이다. 베드윈은 한손에 창을 들고 낙타나 말을 타고 광야를 누비고 달리며 소박한 빛이라고는 절대 없다. 자유분방하며 도시형태 생활을 경멸한다. 에스겔은 이스마엘을 들나귀로, 이스라엘은 양이라고 했다(겔 36:37~38).)

7. 하갈은 자기에게 이르신 하나님을 무엇이라 불렀습니까? 그 뜻은 무엇입니까?(13~14)

8. 하갈이 이스마엘을 낳을 때 아브라함의 나이는 얼마입니까?(15~16)

말씀의 깨달음

1. 왜 사래는 자기의 여종을 남편에게 주어 동침하게 했습니까? 당시 사래의 마음이 어떠했을지 말해 보십시오. 아울러 아브람은 왜 쉽게 사래의 말에 동의했을까요?

Tip 인간의 힘으로는 사래가 아이를 갖는다는 것이 불가능합니다. 이것에 아브람도 기꺼이 동의했습니다. 왜 그랬을까요? 그것은 모든 것을 자기의 이성과 체험으로 이해하려고 했기 때문입니다. 자기의 시야와 생각에서 세상을 보려는 인간의 어리석음을 보여주는 대목입니다. 심지어 하나님의 일조차 이런 식으로 바라보는 사람이 있습니다.

2. 아브람과 사래는 하나님의 약속을 기다리지 못하고 인간적인 수단을 사용하여 이스마엘을 낳았습니다. 하나님의 언약에 대한 시험을 이기지 못하고 유혹에 빠졌습니다. 이것을 통해 얻는 영적 교훈은 무엇입니까?(참고, 갈 4:21~31; 행 15:10; 갈 5:1)

Tip 약속은 참고 기다리는 것입니다. 상대방의 말을 믿고 기다리는 것이 믿음입니다. 사람보다 일을, 인격보다 결과를 추구하다 보면 우리는 믿음을 저버리게 됩니다. 아들에 대한 욕심이 강할수록 하나님에 대한 믿음이 약해집니다. 재물과 하나님을 겸하여 섬길 수 없습니다.

3. 인간적인 방법으로 잉태한 이스마엘 때문에 아브람의 가족에 분란이 일어났습니다. 크게 보면 이스라엘과 아랍의 끝없는 유혈전이 계속되고 있습니다. 하나님을 앞서서 무언가 빠르게 이루려고 하는 불신앙적이고 인간적인 방법과 술수가 미치는 위험성과 온전한 믿음의 내용을 비교해 보십시오.(참고, 사 28:16)

Tip 급하게 일을 처리하다 보면 문제가 생깁니다. 정상적인 과정을 거쳐야 하는데 우리는 이것을 무시합니다. 빨리 쉽게 하는 일은 늘 부정이 뒤따릅니다. 쉽게 생각하여 아들을 낳은 아브람은 이스마엘이 나중에 이런 분쟁의 소지가 될 줄 알았을까요? 위대한 일일수록 긴 시간이 필요합니다. 교만한 자기를 죽이는 기간이 길면 길수록 순수해지기 때문입니다.

4. 광야를 헤매며 죽음의 길에 들어선 하갈에게 나타나셔서 자비를 베푸시고, 이스마엘에게도 번영을 약속하시는 것을 통해 알 수 있는 하나님의 모습과 하나님의 미래적인 섭리는 무엇인지 말해 보십시오.

Tip 비록 인간적인 판단 때문에 태어난 이스마엘이지만 그도 역시 아브람의 아들입니다. 아브람은 복의 근원입니다. 그런 의미에서 하나님께서는 이스마엘을 버리지 않고 복되게 하십니다. 그는 세상적인 복을 받지만 하나님의 복에서는 제외됩니다. 우리에게는 세상의 복이 아닌 하나님의 복이 더 중요합니다.

말씀의 실천

1. 오늘 말씀을 통해 깨달은 영적교훈과 붙잡아야 할 약속의 말씀은 무엇입니까?

2. 오늘 말씀을 통해 실천에 옮겨야 할 내용과 한 주간 실천계획을 세워 보십시오.

3. 오늘 말씀을 통해 얻은 각오와 신앙의 결단을 말해 보십시오.

4. 오늘 이 시간 내가 드려야 할 기도는 무엇입니까?(기도 제목을 놓고 각자 기도한다)

내가 깨달은 영적 교훈과 삶의 적용

SCENE 8

언약의 상징1

—아브람의 새 이름 · 자손 할례

| 성경 본문 | 창세기 17:1~14

하나님은 아브람에게 언약을 성취한다는 의미에서 이름을 바꾸어 주십니다. 아브라함이 자신의 이름을 들을 때마다 언약의 하나님을 기억하게 하셨습니다. 그리고 할례 의식을 행하면서 개명보다도 더 확실한 언약의 증거를 삼으시고 대대로 언약을 기억하며 언약의 후손임을 알게 하셨습니다. 그러나 신약에서는 육신의 할례에서 마음의 할례로 전환됩니다. 이것은 아브라함과 이스라엘 자손이 하나님과 언약한 백성임을 알려주는 확실한 증거입니다.

말씀의 살핌

1. 하나님은 아브람이 몇세 때 나타났습니까? 아브람에게 요구하신 말씀은 무엇입니까?(1)

2. 하나님은 무엇으로 아브람을 번성하게 한다고 했습니까?(2)

3. 아브람과 언약을 세우는 징표로 새 이름을 주셨는데 그것은 무엇입니까? 하나님이 아브람과 세운 언약의 내용을 말해 보십시오.(3~8)

4. 하나님은 아브라함에게 하나님과 새로운 관계로 들어가는 것을 상징하는 증표로 할례를 명하게 되는데 이것에 대한 내용을 정리해 보십시오.(9~14)

1) 대상:

2) 의미:

3) 방법:

4) 범위:

5) 시기:

6) 표징:

7) 위반시:

말씀의 깨달음

1. 개명과 할례를 행하는 것과 언약의 관계를 말해 보십시오.(할례의 의미: ① 아브라함의 자손과 이방인이 구별되는 것 ② 하나님과 맺은 언약의 상징 ③ 악으로부터의 정결)

Tip 개명과 할례받는 일은 새로운 결단을 의미합니다. 예전의 자신을 버리고 새롭게 태어나는 것을 의미합니다. 할례는 신체 일부를 잘라냄으로써 죄악을 제거하는 의미가 있고 성결하게 하는 상징을 지니고 있습니다. 할례는 거룩한 백성으로서 새롭게 태어난 사람임을 자기뿐 아니라 모든 사람에게 기억하게 하는 교육행위입니다.

2. 할례는 언약의 표시로 주신 것입니다. 이전에 노아에게도 언약의 상징으로 무지개를 주셨습니다(9:13). 이런 보이는 표징이 주는 언약신앙의 유익과 중요성을 말해 보십시오.

Tip 보이는 것은 보이지 않는 것을 위해 존재합니다. 우리는 보이는 것을 통해 보이지 않는 것을 바라보는 훈련을 해야 합니다. 눈에 보이는 표징을 주면서 그 안에 담긴 영적 의미를 잊어버리지 말라는 의미입니다. 상징은 이런 면에서 신앙에 유익합니다. 이것을 잘 사용하면 영적 성장에 유익합니다. 기호는 본질을 알려주는 옷과 같습니다.

3. 유대인들은 육신의 의식을 의존했고 내적인 실제를 의존하지는 않았습니다. 할례의 영적인 의미를 말해 보십시오(참고, 신 10:16, 30:6; 렘 4:4; 롬 4:10; 갈 5:6). 아울러 오늘날 그리스도인에게 주는 할례의 의미를 말해 보십시오(참고, 행 15:5; 빌 3:1~3; 골 2:9~15).

Tip 할례는 유대인이 행하는 의식입니다. 몸의 할례보다 마음의 할례가 더 중요합니다. 할례는 그리스도인에게 세례와 같습니다. 세례를 통하여 우리는 하나님과 연합되는 체험을 합니다. 우리는 그것을 기억하면서 주님과 더욱 돈독한 관계를 맺어야 합니다. 물속에 잠기는 세례의식을 통하여 우리는 죄에 대해서 죽고 의에 대해서 살아남을 경험합니다.

4. 하나님의 이름으로 '전능하신 하나님' (1절)이라는 새로운 이름이 나타납니다. 전능의 하나님은 '엘샤다이' 라는 말로 창세기 28:3, 43:14, 48:3에 나타나고 출애굽기 6:3, 에스겔 10:5, 욥기에는 31회나 나타납니다. 본문과 연관하여 하나님의 이름과 믿음과의 관계를 말해 보십시오.

Tip 하나님은 전능하신 분입니다. 우리가 아는 사람 가운데 전능한 사람은 하나도 없습니다. 오직 하나님 한 분뿐이십니다. 전능하신 하나님을 친구로 삼고 아버지로 삼는다는 것은 놀라운 축복입니다. 이런 하나님을 믿는 사람은 오늘 하루도 담대하게 살아가야 하고 천지가 개벽을 해도 두려워해서는 안 됩니다.

말씀의 실천

1. 오늘 말씀을 통해 깨달은 영적교훈과 붙잡아야 할 약속의 말씀은 무엇입니까?

2. 오늘 말씀을 통해 실천에 옮겨야 할 내용과 한 주간 실천계획을 세워 보십시오.

3. 오늘 말씀을 통해 얻은 각오와 신앙의 결단을 말해 보십시오.

4. 오늘 이 시간 내가 드려야 할 기도는 무엇입니까?(기도 제목을 놓고 각자 기도한다)

내가 깨달은 영적 교훈과 삶의 적용

SCENE 9

언약의 상징2

—사래의 새 이름 · 아브라함과 가족의 할례

| 성경 본문 | 창세기 17:15~27

하나님의 언약은 인간으로서는 불가능한 일을 뛰어넘는 영원한 약속입니다. 아브라함이 웃을 정도로 하나님의 능력은 위대합니다. 전능하신 하나님의 약속을 믿고 나가는 것이 언약 신앙입니다. 인간적인 노력을 포기하고 이제는 전적으로 하나님을 신뢰할 만한 지경에 닿았을 때 하나님은 나타나셔서 약속을 성취하십니다. 하나님은 자신이 하신 말씀을 꼭 이루십니다. 이것을 믿기까지 아브라함은 25년 정도의 시간을 보냈습니다.

말씀의 살핌

1. 하나님은 언약을 성취한다는 증표로 아브람과 사래의 이름을 바꿔 주셨는데 그 이름은 무엇입니까? 또 그것을 이루는 의미에서 사래에게 무엇을 약속했습니까?(15~16)

2. 사라에게 아들을 주겠다는 하나님의 말씀에 아브라함은 어떤 반응을 보였습니까?(17)

(아브라함의 웃음은 경이로움의 웃음이라 할 수 있다(칼빈). 그 약속이 너무나 큰 것이기에 웃지 않을 수 없었다. 긍정적인 의미에서 믿음의 웃음인 반면에 사라의 웃음은 불신앙적인 웃음이었다(18:12).)

3. 아브라함은 이삭이 태어남으로 인해 이스마엘이 죽을 것(이때 나이가 13세)이라는 걱정과 아울러 이스마엘이 잘되길 바라는 마음에서 무엇이라 말했습니까?(18)

4. 하나님은 앞으로 태어날 이삭과 이스마엘에게 어떤 언약을 주셨습니까?(19~20)

5. 하나님의 언약은 누구와 맺게 된다고 하셨습니까?(21~22)

6. 아브라함은 하나님이 하신 언약의 말씀을 따르고 약속이 성취될 것을 믿는다는 표시로 무엇을 행했습니까?(23~27)

말씀의 깨달음

1. 사래에서 사라로 이름이 바뀌었는데, 사라는 '공주' 라는 뜻을 가지고 있습니다. 이는 그녀에게서 왕들이 탄생된다는 것을 의미합니다. 당사자인 사라에게 직접 주시지 않고 아브라함에게 먼저 약속을 말씀하신 이유는 무엇일까요?(참고, 창 18:10~12)

Tip 하나님과 일차적인 언약을 맺은 사람은 아브라함입니다. 사라에게서 난 아이는 단순한 아이가 아닌 약속을 의미합니다. 약속에 따른 선물로서 주어지는 것입니다. 이런 의미에서 아브라함의 믿음이 더 중요합니다. 나중에 이삭을 바치라는 명령을 내리실 때도 사라가 아닌 아브라함에게 직접 나타나셔서 시험하셨습니다.

2. 하나님은 아브라함의 애정의 호소를 들으시고 약속의 자녀가 아닌 이스마엘에게도 축복을 하셨는데 이것이 주는 의미는 무엇입니까?(참고, 갈 4:21~23)

Tip 비록 약속에 의한 자녀는 아니어도 아브라함을 통하여 난 아들이기에 하나님은 이스마엘을 저버리지 않고 축복하십니다. 이스라엘보다 못하지만 그는 이방 속에서는 큰 축복을 받습니다. 그러나 후에 이스라엘에게 거침돌로 등장하여 많은 괴로움을 줍니다. 이스라엘의 믿음을 시험하는 도구로 축복하십니다.

3. 아브라함은 하나님의 언약을 확신하는 의미에서 자기뿐 아니라(99세 때) 모든 가족과 이방의 종들까지도 할례를 받게 했습니다(창 17:23). 이것을 통해 깨달은 점은 무엇입니까?

Tip 아브라함과 함께하는 사람은 단순하게 사람끼리 관계를 맺은 것이 아니라 약속과 관계를 맺은 것입니다. 그리스도인의 만남은 사람과의 만남 그 이상이어야 합니다. 언약과 약속을 통한 만남이어야 합니다. 인간적인 교제나 사람의 정이 아닌 하나님의 약속으로 맺어진 언약의 공동체가 되어야 합니다.

말씀의 실천

1. 오늘 말씀을 통해 깨달은 영적교훈과 붙잡아야 할 약속의 말씀은 무엇입니까?

2. 오늘 말씀을 통해 실천에 옮겨야 할 내용과 한 주간 실천계획을 세워 보십시오.

3. 오늘 말씀을 통해 얻은 각오와 신앙의 결단을 말해 보십시오.

4. 오늘 이 시간 내가 드려야 할 기도는 무엇입니까?(기도 제목을 놓고 각자 기도한다)

내가 깨달은 영적 교훈과 삶의 적용

SCENE 10

아브라함과 이웃의 관계

| 성경 본문 | 창세기 18:1~15

이웃을 기쁘게 하는 아브라함에게 하나님은 축복의 말씀을 하십니다. 사람을 섬기는 자리에 하나님은 함께하십니다. 이는 아브라함이 하나님뿐 아니라 이웃과의 관계도 얼마나 잘 맺고 있는지를 말해 주고 있습니다. 일상생활 속에서 신앙의 중요성을 다시 한번 느끼게 하는 아름다운 장면입니다.

말씀의 살핌

1. 하나님은 아브라함에게 언제 어떻게 나타나셨습니까?(1~2)

2. 아브라함은 방문한 세 나그네를 어떻게 환영하며 모셨습니까?(2~5)

3. 아브라함이 세 사람을 대접한 모습을 그려 보십시오.(6~8)

4. 세 사람은 식사를 마친 후에 아브라함에게 어떤 축복의 말을 했습니까?(9~10)

5. 아브라함에게 이른 세 사람의 말을 엿듣고 사라는 어떻게 반응했습니까?(11~12)

6. 웃는 사라를 보고 하나님은 아브라함에게 무슨 말씀을 하셨습니까?(13~15)

말씀의 깨달음

1. 아브라함이 환대한 세 나그네는 누구였습니까?(참고, 히 13:1~2)

Tip 하나님이 보낸 천사입니다. 지금도 눈에 보이는 하나님의 천사들이 많습니다. 의지할 데 없는 사람들, 가난하고 소외된 연약한 사람들이 하나님의 사자일 수 있습니다. 그들을 사랑하는 것이 곧 주님을 사랑하는 것이고 주님에게 먹을 것을 주는 것이 됩니다.

2. 아브라함이 세 나그네를 대접한 모습 중에서 귀하게 여기면서 최고의 대우를 하는 장면들을 찾아보고 이것을 통해 발견되는 영적 교훈을 말해 보십시오.

(나그네를 대접하는 것은 베드윈의 미덕 중 하나로 지금도 아랍인들은 나그네를 대접하는 풍속을 가지고 있다. 세 스아는 1에바로(약 22.9리터) 다량의 식물이다. 고기를 제공하는 것은 특별한 대우였다.)

Tip 하나님과 관계가 좋은 사람은 이웃과도 관계가 좋습니다. 하나님을 사랑한다고 하면서 이웃을 미워하면 그 사랑은 거짓말입니다. 하나님과 이웃을 사랑하는 것은 성경의 핵심이며 동전의 양면과도 같습니다. 이렇게 보면 하나님은 멀리 있지 않고 가까운 이웃에게 있습니다. 이웃을 내 몸같이 사랑하는 것이 최고의 율법을 지키는 것입니다.

3. 식사를 마친 후에 하나님께서는 사라가 잉태할 거라 예고하셨습니다. 이때 사라는 왜 웃었습니까? 사라와 하나님이 다투면서 설전을 벌이는 모습은 우리로 하여금 무엇을 느끼게 합니까?(참고, 롬 4:17~19; 히 11:11~12; 렘 30:17; 눅 1:37)

Tip 여기서 '웃음' 은 어이없는 일이 일어날 때 웃는 그 웃음입니다. 기가 막혀서 웃음이 나온다는 말처럼 지금 나이에 사라가 자식을 낳는다는 것은 불가능한 일이었습니다. 웃음이 나올 일입니다. 신앙생활을 하다 보면 인간이 볼 때 웃음이 나오는 말도 안되는 일이 생기는 경우가 허다합니다. 하나님의 약속과 일을 웃지 말고 진지하게 받아들일 수 없을까요?

말씀의 실천

1. 오늘 말씀을 통해 깨달은 영적교훈과 붙잡아야 할 약속의 말씀은 무엇입니까?

2. 오늘 말씀을 통해 실천에 옮겨야 할 내용과 한 주간 실천계획을 세워 보십시오.

3. 오늘 말씀을 통해 얻은 각오와 신앙의 결단을 말해 보십시오.

4. 오늘 이 시간 내가 드려야 할 기도는 무엇입니까?(기도 제목을 놓고 각자 기도한다)

내가 깨달은 영적 교훈과 삶의 적용

SCENE 11

하나님의 친구 아브라함

| 성경 본문 | 창세기 18:16~33

하나님께서 나타나신 일은 아브라함에게는 후손을 주시겠다는 약속을 재확인하는 축복의 순간이지만 소돔 사람에게는 멸망이 다가오는 불행의 순간입니다. 특히 소돔과 고모라의 멸망을 아브라함에게 알리신 것은 아브라함과의 교제가 그토록 친밀했음을 보여주는 일입니다.

말씀의 살핌

1. 식사를 마친 후에 아브라함을 방문한 사람들은 어디로 향했으며 아브라함은 어떻게 했습니까?(16)

(헤브론에서 소돔까지는 약 1시간 반 거리가 된다.)

2. 하나님은 아브라함에게 무슨 약속의 말씀을 하셨습니까?(17~19)

3. 하나님은 롯이 살고 있는 소돔과 고모라에 대한 계획을 말씀하셨는데 그것은 무엇입니까?(20~21)

(헤브론은 예루살렘보다 1,300미터 낮다.)

4. 소돔과 고모라의 멸망이 임박한 것을 알게 된 아브라함은 하나님 앞에 서서(셋 중에 둘은 떠나고 하나는 남았다, 19:1) 중보의 기도를 합니다. 어떤 기도인지 그 내용을 정리해 보십시오.(22~25)

5. 아브라함과 하나님이 여섯 차례에 걸쳐 대화(기도)하는 장면을 정리해 보십시오.(26~32)

6. 10인의 의인이 있으면 멸망시키지 않겠다는 하나님의 말씀에 아브라함은 더 이상 항변을 하지 못합니다. 그러자 하나님은 어떻게 했습니까? 아울러 아브라함은 어디로 향했습니까?(33)

말씀의 깨달음

1. 아브라함과 하나님은 마치 친구와 같은 친밀함으로 대화했습니다. 이 모습과 우리가 하나님과 하는 기도(대화)와 교제를 비교하며 정리해 보십시오(참고, 대하 20:7; 약 2:23). 또 아브라함에게 소돔과 고모라의 멸망을 알린 것과 연관하여 이야기해 보십시오.

Tip 기도는 대화입니다. 아브라함과 하나님은 친밀하게 기도하는 모습을 보여줍니다. 우리도 이처럼 기도할 수 있을까요?

2. 세 사람은 소돔을 멸망하기 전에 아브라함에게 들러 하나님의 축복을 주었습니다. 악한 소돔을 멸망하기 위해 직접 강림하신 모습은 우리에게 무엇을 교훈하고 있습니까?(참고, 창 11:5~7)

Tip 악한 모습을 도저히 눈뜨고 볼 수 없어서 친히 강림하시는 하나님의 모습은 당시 소돔과 고모라의 죄악상을 보여주는 대목입니다. 화가 나면 자리에서 벌떡 일어나듯이 하나님이 하늘 보좌에서 일어나는 죄를 범하면 안 됩니다. 재림 때도 심판하러 친히 주님이 강림하십니다.

3. 아브라함이 하나님께 소돔의 구원을 위해 간구한 기도를 통해 우리는 어떤 영적 도전을 받습니까? 또 의인의 수를 감할 때 아브라함은 조심스럽게 수를 제안하는 모습을 보였는데 이 모습을 통해 느끼는 점은 무엇입니까?(27, 30, 31, 32절) 이것을 통한 아브라함의 이웃 사랑과 구원에 대한 모습을 말해 보십시오.

Tip 구원을 위해 애를 쓰는 아브라함의 열정은 우리가 세상을 구원하기 위하여 수고하는 열정과도 비교됩니다. 나는 이웃의 구원을 위해 아브라함처럼 하나님께 간구하며 그들의 구원을 위해 중보기도를 하고 있습니까? 소돔과도 같은 죄악된 세상이 이렇게 안전하게 유지되는 것은 전적으로 소수의 숨겨진 의인 때문이라는 사실을 알고 있습니까?

말씀의 실천

1. 오늘 말씀을 통해 깨달은 영적교훈과 붙잡아야 할 약속의 말씀은 무엇입니까?

2. 오늘 말씀을 통해 실천에 옮겨야 할 내용과 한 주간 실천계획을 세워 보십시오.

3. 오늘 말씀을 통해 얻은 각오와 신앙의 결단을 말해 보십시오.

4. 오늘 이 시간 내가 드려야 할 기도는 무엇입니까?(기도 제목을 놓고 각자 기도한다)

내가 깨달은 영적 교훈과 삶의 적용

SCENE 12

세상의 친구 롯

| 성경 본문 | 창세기 19:1~22

소돔 땅을 선택한 롯은 어떻게 지내고 있었을까요? 롯이 선택한 소돔은 어떤 도시였을까요? 눈에 보기에 좋은 땅인 소돔은 당시 타락의 도시였고, 하나님은 그런 소돔을 멸망시키기로 작정하셔서 천사를 보냈습니다. 소돔은 죄악으로 가득 찬 곳으로 롯을 행복하게 하기보다는 파멸로 이끄는 곳이었습니다. 결국 아브라함의 중재로 롯은 겨우 목숨을 건지게 됩니다. 잠시 즐거워 보이는 세상에 속한 사람의 결말이 어떤지 잘 보여주는 대목입니다.

말씀의 살핌

1. 두 천사가 소돔에 이를 때 롯은 어디에 있었습니까? 그리고 롯은 그들을 어떻게 했습니까?(1~2)

2. 아브라함과 다르게 천사는 롯의 초청을 거절하고 어디에 있겠다고 말합니까? 그러나 롯의 간청에 그들은 그의 집에 들어가 거하나 그 밤에 어떤 일이 생깁니까?(2~5)

3. 롯은 나그네를 보호하기 위하여 어떻게 했습니까?(6~8)

4. 그러자 소돔 사람들은 어떻게 반응했습니까? 그들은 결국 어떻게 되었습니까?(9~11)

5. 이런 모습을 보고 있던 천사들이 롯에게 무엇을 요구했습니까?(12~13)

6. 롯은 나가서 딸들과 정혼한 사위들에게 무엇을 명했습니까? 이것에 대해서 사위들은 어떻게 여겼습니까?(14)

7. 천사의 재촉에 롯은 어떻게 했습니까?(15~17)

8. 산으로 도망하여 멸망을 면하라는 하나님의 말씀에 롯은 무엇을 요구했습니까? 그것에 대한 하나님의 조치는 무엇입니까?(18~22)

말씀의 깨달음

1. 롯이 천사를 대접한 것과 아브라함이 천사를 대접한 것을 비교하여 느끼는 점을 말해 보십시오.

Tip 롯과 아브라함은 천사를 대접했지만 천사는 전혀 다른 목적을 가지고 있었습니다. 아브라함에게 나타난 천사는 아브라함에게 복을 주기 위함이고 롯에게 나타난 천사는 소돔을 멸망하기 위함이었습니다. 아브라함은 정성을 다해 대접했지만 롯은 의례적인 대접을 했습니다. 마음과 정성에서 달랐습니다. 오늘도 하나님은 우리의 마음을 받으십니다.

2. 무론 '노소' (4, 11)는 현재 소돔의 상태가 어떠함을 의미합니까?(참고, 창 18:20~21)

Tip 죄악의 끝에 다다른 소돔과 고모라의 모습을 단적으로 말해주는 모습입니다. 도저히 참고 있을 수 없어서 하나님이 심판을 결정한 소돔과 고모라가 우리가 되지 않도록 해야 합니다. 물질문명이 풍요로운 도시국가에서는 성적타락이 쉽게 이루어집니다. 때문에 멸망한 폼페이와 로마처럼 자칫 소돔과 고모라가 되기 쉽습니다.

3. "상관하리라" (5)는 말은 남색을 말하며 이것은 가나안 당시에 유행했던 모습이었습니다(삿 19:22). 아마 천사들의 방문을 보고 미남이라고 생각해서 사람들이 모였다고 생각할 수 있습니다. '남색' (sodomy)이란 말은 소돔에서 기인한 단어입니다. 동성애의 타락된 모습을 통해 소돔의 죄악된 상황을 오늘날과 연관하여 이야기해 보십시오.

Tip 동성애는 오늘날 갑자기 나타난 일이 아니라 이미 오래전부터 있었던 일입니다. 하나님의 창조질서를 파괴하고 하나님의 창조사역을 거스르는 행위는 당연히 금지되어야 합니다. 동성애 성향을 지니는 것은 인간의 죄악 때문에 변질된 병적인 모습입니다. 마치 자연이 오염되어 이상한 고기들이 생겨난 것처럼 말입니다. 어느 것으로도 정당화할 수 없습니다. 물론 그들 역시 구원 받아야 할 사람들이지만…….

4. 농담으로 여기는 사위와 아직도 반신반의하며 지체하는 롯을 통해 느끼는 점은 무엇입니까? 또 나이가 들어서 힘들어하는 롯의 요구에 소알로 인도하시는 하나님의 모습을 통해 발견되는 하나님의 성품을 말해 보십시오.

Tip 죄악 속에 빠지면 자기가 어떤 모습인지 알 수 없습니다. 병에 걸려도 자기가 환자인 줄 모르는 것처럼 세상에는 자기가 죄인임에도 죄인임을 모르고 의인처럼 살아가는 사람이 많습니다. 죄에서 구원할 주님의 소식을 들으면서도 거부하는 사람들처럼 롯의 사위도 거부했습니다. 반신반의하면서 복음을 거절하는 사람들은 지금도 여전히 존재합니다.

말씀의 실천

1. 오늘 말씀을 통해 깨달은 영적교훈과 붙잡아야 할 약속의 말씀은 무엇입니까?

2. 오늘 말씀을 통해 실천에 옮겨야 할 내용과 한 주간 실천계획을 세워 보십시오.

3. 오늘 말씀을 통해 얻은 각오와 신앙의 결단을 말해 보십시오.

4. 오늘 이 시간 내가 드려야 할 기도는 무엇입니까?(기도 제목을 놓고 각자 기도한다)

내가 깨달은 영적 교훈과 삶의 적용

SCENE 13

멸망과 타락의 사람들

| 성경 본문 | 창세기 19:23~38

소돔과 고모라의 멸망은 죄의 결과가 얼마나 무서운지를 말해주고 있습니다. 롯은 아브라함의 중보로 겨우 구원을 받았지만 그의 아내는 세상을 사랑하다가 결국은 소금기둥이 되었고 남은 두 딸도 근친상간을 범함으로 저주받은 불행의 역사가 시작되고 있습니다. 소돔의 악한 습성은 살아남은 후에도 계속 남아 결국은 타락의 길로 가게 했습니다. 롯의 두 딸이 뿌린 씨가 이스라엘을 괴롭히는 암몬과 모압 족속으로 발전하게 됩니다.

말씀의 살핌

1. 롯이 소알에 들어갈 때 하나님은 소돔과 고모라를 어떻게 멸망시키셨습니까?(23~25)

2. 롯의 아내는 어떻게 되었습니까?(26)

3. 아브라함은 소돔과 고모라의 멸망 장면을 어떻게 보았습니까?(27~28)

4. 롯은 어떻게 구원을 받았습니까?(29)

5. 롯은 소알에 거하지 않고 어디에 누구와 같이 거했습니까?(30)

6. 동굴에서 어떤 일이 일어났습니까?(31~35)

7. 롯의 두 딸이 아비와 근친상간을 하여 아이를 낳았는데 그들이 어떤 민족의 조상이 되었는지 말해 보십시오.(36~38)

말씀의 깨달음

1. 소돔과 고모라에 유황이 비같이 내리는 멸망의 장면을 보고 영적으로 느낀 점을 말해 보십시오.(참고, 신 29:23; 호 11:8; 눅 17:29)

Tip 이 세상은 공의가 살아 있습니다. 공의는 곧 심판으로 나타납니다. 이런 면에서 심판은 분명히 존재합니다. 세상의 마지막에는 하나님의 심판이 있습니다. 소돔과 고모라에 유황이 비처럼 내리는 모습은 세상을 향한 하나님의 심판을 미리 보여주는 대목입니다. 죄 가운데에 살면서도 심판을 무서워하지 않는 사람을 향한 경고의 메시지입니다.

2. 롯의 아내가 소금기둥이 되는 사건과, 술을 먹고 취해 딸들로 패륜적인 근친상간을 범하게 하는 롯과 세상적이고 정욕적인 딸들의 그릇된 성적인 모습을 통해 발견되는 점은 무엇입니까?(참고, 눅 17:31~32; 레 18:6~18) (구약에서는 모압의 이름이 25회 나오고 그들의 신은 그모스였다. 암몬의 신은 몰렉이었다.)

Tip 술은 사람의 이성을 마비시키고 죄악으로 치닫게 합니다. 소돔의 부도덕한 문화와 성적 타락 속에서 살았기에 롯의 딸들도 자연스럽게 이런 악이 물들었습니다. 롯의 딸들의 악한 모습은 현대의 모습을 거울처럼 보여줍니다. 인간의 타락은 지금이나 예전이나 변함없습니다. 문명은 변해도 사람의 죄악성은 변하지 않습니다.

3. 롯의 두 딸과 근친상간으로 낳은 두 아들 모압과 벤암미는 모압족과 암몬족의 조상이 됩니다. 타락한 시작은 계속 우상을 섬기는 민족으로 가게 했고, 그들은 늘 이스라엘과 적대 관계가 되었습니다. 세상적인 사람들의 모습을 그대로 보여주는 모델이라 할 수 있는데 어떤 점에서 세상은 악하고 하나님의 심판 아래 있는지 말해 보십시오.

Tip 롯의 두 딸이 저지른 근친상간의 범죄로 인하여 파생된 모압과 암몬은 이스라엘을 괴롭히는 대적으로 등장합니다. 약속이 없는 세상 사람들의 모습은 이와 같습니다. 인간 스스로가 법이 되면서 하나님의 질서가 파괴되었고 하나님의 약속은 버림을 받았습니다. 하나님 대신에 우상과 욕망을 택한 인간의 타락은 오늘도 여전히 암처럼 번져나가고 있습니다.

말씀의 실천

1. 오늘 말씀을 통해 깨달은 영적교훈과 붙잡아야 할 약속의 말씀은 무엇입니까?

2. 오늘 말씀을 통해 실천에 옮겨야 할 내용과 한 주간 실천계획을 세워 보십시오.

3. 오늘 말씀을 통해 얻은 각오와 신앙의 결단을 말해 보십시오.

4. 오늘 이 시간 내가 드려야 할 기도는 무엇입니까?(기도 제목을 놓고 각자 기도한다)

내가 깨달은 영적 교훈과 삶의 적용

SCENE 14

반복된 아브라함의 실수

| 성경 본문 | 창세기 20:1~18

아브라함이 약속의 땅을 떠날 때 언제나 어려움이 닥쳤습니다. 하나님을 온전히 의지하지 못하고 인간을 의지하는 아브라함의 연약함은 단순히 자기에게 닥친 위기를 모면하는 수준을 넘어 약속된 하나님의 일을 그르칠 뻔한 실수를 범하게 했습니다. 그러나 잘못을 범한 아브라함에게 하나님은 행위가 아닌 오직 약속에 따라 아브라함을 구원하시고 그에게 복을 내리십니다. 본문은 약속의 사람에게 주어지는 하나님의 축복을 재확인하는 자리입니다.

말씀의 살핌

1. 아브라함은 남방으로 내려갔는데 그랄에서 어떤 일이 있었습니까?(1~2)

2. 그랄 왕에게 하나님은 어떻게 나타나셨습니까?(3~7)

3. 아비멜렉은 아브라함을 불러 어떻게 조치했습니까?(8~9)

4. 아브라함이 이렇게 한 이유는 무엇입니까?(10~13)

5. 아비멜렉은 자기의 잘못을 사과하고 보상의 대가로 아브라함과 사라에게 어떻게 합니까?(14~16)

6. 아비멜렉이 사라를 취했을 때 하나님은 그와 그의 처와 첩들에게 병을 주었습니다. 하나님은 이것을 어떻게 해결토록 했습니까?(17~18)

말씀의 깨달음

1. 남방 그랄에 내려간 아브라함은 처음에 애굽에서 바로에게 죄를 범했던 것과 같은 죄를 반복하여 저지르게 됩니다. 많은 믿음의 훈련을 받았음에도 여전히 거짓말을 하며 하나님의 일을 그르칠 뻔한 아브라함의 모습을 보면서 느낀 점은 무엇입니까?(참고, 창 12:10~12, 26:6)

Tip 인간은 늘 부족합니다. 아무리 노력해도 인간은 여전히 죄인입니다. 인간은 하나님 앞에 완전할 수 없습니다. 이것은 인간이 하나님을 의지할 수밖에 없는 존재임을 말하고 있습니다. 이런 면에서 아브라함은 여전히 흠이 있는 존재로 믿음이 필요한 사람입니다. 믿음은 곧 겸손이며 하나님을 의뢰하는 것입니다.

2. 아브라함은 복의 근원으로서 축복받은 사람입니다. 행위가 잘못됨에도 하나님께서 약속의 사람인 아브라함을 구원하시는 모습을 통해 하나님에 대한 신앙을 말해 보십시오.(참고, 창 12:3)

Tip 하나님은 우리의 행위를 보는 것이 아니라 약속을 보십니다. 약속을 보고 부르십니다. 약속을 맺은 인간이 설사 잘못되었다 해도 하나님과 맺은 언약에 따라 하나님은 행동하십니다. 이런 면에서 하나님과 약속을 맺은 인간은 행복합니다.

3. 아비멜렉이 아브라함을 선대하면서 많은 것을 주고 보내는 일과 그 일로 아브라함이 중보기도하여 아비멜렉이 병을 고침 받는 사건은 오늘날 우리에게 어떤 영적 교훈을 주고 있습니까?(참고, 민 11:2, 21:7; 신 9:20; 삼상 7:5; 욥 42:8, 10; 렘 7:16)

Tip 하나님의 사람은 언제나 하나님의 대리자임을 기억해야 합니다. 하나님을 대신하여 축복하고 하나님의 권세를 행하는 하나님의 자녀입니다. 우리 자신이 훌륭한 것이 아니라 우리가 하나님의 자녀가 되었다는 것이 위대합니다. 비록 행위에 문제가 있어도 하나님의 자녀로 인침을 받은 것은 대단한 일입니다. 당당하게 하나님의 대리자로서의 사명을 감당해야 합니다.

말씀의 실천

1. 오늘 말씀을 통해 깨달은 영적교훈과 붙잡아야 할 약속의 말씀은 무엇입니까?

2. 오늘 말씀을 통해 실천에 옮겨야 할 내용과 한 주간 실천계획을 세워 보십시오.

3. 오늘 말씀을 통해 얻은 각오와 신앙의 결단을 말해 보십시오.

4. 오늘 이 시간 내가 드려야 할 기도는 무엇입니까?(기도 제목을 놓고 각자 기도한다)

내가 깨달은 영적 교훈과 삶의 적용

SCENE 15

가족시험(자신의 시험)
—이삭과 이스마엘의 갈등

| 성경 본문 | 창세기 21:1~21

아브라함의 가족의 시험은 이삭이 태어나면서 본격화됩니다. 이삭과 이스마엘은 서로 공존할 수 없는 존재입니다. 이것은 오늘날 우리 안에 옛 사람과 새 사람이 공존할 수 없음을 가르쳐 줍니다. 육과 영, 옛 언약과 새 언약, 복음과 율법, 인간의 방법과 하나님의 방법, 성령과 사단은 서로 대적 관계입니다. 신앙의 성장을 이루기 위해서는 이 문제를 잘 극복해야 합니다.

말씀의 살핌

1. 하나님은 무엇에 근거하여 사라에게 찾아오셔서 아들을 잉태하게 했습니까?(1~2)

2. 하나님이 90세의 사라와 100세의 늙은 아브라함에게 낳게 한 아들의 이름을 무엇이라 했으며 8일만에 행한 일은 무엇입니까? 왜 그 일을 행했습니까?(3~5)

3. 이삭이 자라서 젖을 떼는 시기에(히브리인은 약 3세 때 젖을 뗐다고 한다) 아브라함의 가족은 무엇을 했습니까?(8)

4. 이삭이 자라자 어떤 일이 가정에 일어났습니까?(9~10)

5. 하갈과 이스마엘을 내쫓으라는 사라의 말에 아브라함이 근심하자 하나님은 아브라함에게 나타나 뭐라고 말씀했습니까?(11~13)
(이때 이스마엘의 나이는 16~17세였다.)

6. 아브라함이 하갈과 이스마엘을 내보내면서 취한 행동을 말해 보십시오. 쫓겨난 하갈과 이스마엘은 어떻게 됩니까?(14)

7. 물이 없어지자 하갈은 떨기나무 아래에서 하나님께 하소연하는데 그 모습과 그것에 대한 하나님의 응답은 무엇인지 말해 보십시오.(15~19)

8. 하나님은 하갈의 간구를 들으시고 이스마엘을 어떻게 살게 했습니까?(20~21)

말씀의 깨달음

1. 아브라함이 아들을 낳은 것은 행위에서가 아니라 전적으로 하나님의 약속에 따라 이루어진 일입니다. 불가능한 일이 이루어졌습니다. 믿지 못하던 사라가 드디어 그 약속이 이루어졌음을 고백하는 모습을 통해 이 사실을 확인할 수 있습니다(7절). 하나님의 약속의 산물인 이삭의 출생 사건을 놓고 약속의 위대성을 말해 보십시오.(참고, 창 17:19, 18:10)

Tip 우리가 믿는 하나님은 언제나 약속에 근거한 하나님이십니다. 약속을 저버리면 하나님은 우리를 벌하십니다. 그러나 약속을 지키면 우리를 축복하십니다. 우리에게 하신 하나님의 말씀은 분명히 이루어집니다. 이것을 믿고 가는 것이 신앙입니다. 힘든 가운데서도 그리스도인은 늘 약속을 바라고 살아가야 합니다. 아브라함처럼 약속을 의지하는 믿음으로……. 약속은 언젠가는 이루어집니다.

2. 이삭의 출생으로 아브라함의 가정에는 갈등과 시험이 옵니다. 이것은 새로운 약속이 옛 율법과 공존할 수 없음을 말해 주는 사건이기도 합니다. 어려운 가정의 문제를 하나님의 해결책을 통하여 아브라함이 처리했는데 이것이 주는 영적 의미를 말해 보십시오.(참고, 갈 5:16~24; 창 17:18~21, 21:11; 롬 13:14; 갈 4:21~31)

Tip 율법과 은혜는 공존할 수 없습니다. 율법은 은혜가 오기까지입니다. 은혜가 오면 율법은 은혜 아래 있습니다. 약속의 아들 이삭이 오면 육신의 자녀인 이스마엘은 떠나야 합니다. 그리스도인은 은혜를 받은 사람입니다. 더 이상 이전의 율법이나 육신에 매여 사는 존재가 아닙니다. 아직도 이스마엘을 좇아 내지 못하고 이삭과 함께 살려고 하지는 않습니까?

말씀의 실천

1. 오늘 말씀을 통해 깨달은 영적교훈과 붙잡아야 할 약속의 말씀은 무엇입니까?

2. 오늘 말씀을 통해 실천에 옮겨야 할 내용과 한 주간 실천계획을 세워 보십시오.

3. 오늘 말씀을 통해 얻은 각오와 신앙의 결단을 말해 보십시오.

4. 오늘 이 시간 내가 드려야 할 기도는 무엇입니까?(기도 제목을 놓고 각자 기도한다)

내가 깨달은 영적 교훈과 삶의 적용

SCENE 16

이웃에게서 온 시험

| 성경 본문 | 창세기 21:22~34

신앙은 관계입니다. 믿음이 성숙했는지를 보려면 하나님과 이웃의 관계가 올바르게 형성되어 있는지를 살펴보면 됩니다. 하나님과 관계가 좋은 사람은 당연히 이웃과의 관계도 좋습니다. 아브라함의 믿음은 삶으로 나타나고 있는데 그것은 그랄 왕 아비멜렉과 동맹을 맺으면서 이루어집니다. 이웃과의 문제를 어떻게 잘 해결하는가는 믿음에서 결정됩니다.

말씀의 살핌

1. 아비멜렉과 군대장관 비골이 아브라함에게 무엇을 요구했습니까?(22~23)

2. 아브라함은 아비멜렉과 동맹을 서약하기 전에 문제 해결의 방법으로 무엇을 책망했습니까?(24~25)

3. 아비멜렉은 무엇이라 대답했습니까?(26)

4. 아브라함은 이것에 대한 해결책으로 아비멜렉에게 무엇을 요구했습니까?(27~30)

5. 두 사람이 맹세한 그 우물을 무엇이라 명명했습니까?(31)

6. 아비멜렉은 어디로 갔으며 아브라함은 그곳에서 무엇을 행했습니까?(32~34)

말씀의 깨달음

1. 그리스도인은 하나님과 가족뿐만 아니라 이웃과도 좋은 관계를 맺어야 합니다. 아브라함은 우물을 둘러싼 갈등을 좋은 방향으로 해결했습니다. 선물을 주고받고 언약의 조인을 위한 제사를 드렸습니다. 이런 과정을 통하여 나타난 아브라함의 믿음을 말해 보십시오.(참고, 고전 14:40)

Tip 신앙은 관계입니다. 특히 보이는 이웃들과 좋은 관계를 맺어야 보이지 않는 하나님과의 관계도 올바르게 유지됩니다. 이것은 서로 밀접한 관계가 있습니다. 사람과 관계없이 홀로 있는 하나님은 우리의 신앙과 관련이 없습니다. 우리가 믿는 하나님은 인간을 창조하신 하나님이십니다. 그러나 세상이 믿는 신은 사람을 이용하고 버리는 신입니다. 이런 면에서 세상의 믿음과 비교됩니다.

2. 브엘세바는 '맹세의 우물' 이라는 뜻으로 아브라함에게는 기도와 친교의 장소가 되었습니다. 하나님의 사랑은 왜 이웃사랑과도 연관되는지 그 관계를 말해 보십시오.(참고, 롬 12:18)

Tip 하나님의 평화를 경험한 사람은 사람과도 평화를 이루게 마련입니다. 하나님과 관계가 좋은 사람은 이웃에게 칭찬을 받습니다. 신앙은 세상과 동떨어진 것이 아닌 세상과 함께하면서 하나님의 평화를 이루는 것입니다. 그것을 위해 신앙이 필요합니다. 세상에서 검증 받지 못한 신앙은 자기만족에 사로잡힌 거짓신앙이 될 수 있습니다.

말씀의 실천

1. 오늘 말씀을 통해 깨달은 영적교훈과 붙잡아야 할 약속의 말씀은 무엇입니까?

2. 오늘 말씀을 통해 실천에 옮겨야 할 내용과 한 주간 실천계획을 세워 보십시오.

3. 오늘 말씀을 통해 얻은 각오와 신앙의 결단을 말해 보십시오.

4. 오늘 이 시간 내가 드려야 할 기도는 무엇입니까?(기도 제목을 놓고 각자 기도한다)

내가 깨달은 영적 교훈과 삶의 적용

SCENE 17

아브라함에게 임한 하나님의 시험과 축복

| 성경 본문 | 창세기 22:1~24

본 장은 아브라함이 지금까지 훈련받은 신앙의 기말시험과 같은 것으로 신앙의 절정을 이루는 장면입니다. 아브라함은 기적으로 이삭을 얻었는데 하나님께 바친 것 역시 기적과도 같은, 인간의 상상을 초월한 모습이라 할 수 있습니다. 인간의 이성과 상식을 뛰어넘은 아브라함의 신앙은 실로 대단한 것이라 할 수 있고 모든 믿음의 사람들의 표상과도 같은 것입니다. 자기의 모든 것을 버리면서 하나님을 선택하는 아브라함의 놀라운 믿음의 결단은 참으로 대단합니다. 이 사건은 믿음의 결론이 어떻게 나야 함을 말해주고 있습니다.

말씀의 살핌

1. 그 일 후에 하나님은 왜 아브라함을 부르셨습니까? 이때 아브라함의 자세는 어떠했습니까?(1)

2. 하나님은 아브라함에게 아들 이삭을 어떻게 하라고 했습니까?(2)

3. 아브라함은 하나님의 명령에 어떻게 순종했습니까?(3)

4. 브엘세바에서 예루살렘까지는 75km 거리가 되는데 정상적인 걸음으로 삼 일 정도 걸립니다. 하나님이 지시한 모리아 산을 바라보고 아브라함은 말씀에 순종하기 위하여 사전에 어떤 조치를 취했습니까?(4~5)

5. 아들과 함께 5km 거리 되는 산길을 가다가 아브라함은 어떤 문제에 봉착했으며 이것을 어떻게 처리했습니까?(6~8)
(이때 이삭의 나이는 16~17세 정도였다고 추정된다.)

6. 모리아 산에 이르러 아브라함은 이삭을 어떻게 했습니까?(9~10)

7. 하나님이 급하게 막은 것을 나타내는 단어를 찾아보십시오. 하나님이 아브라함에게 나타나셔서 하신 말씀이 무엇입니까?(11~12)

8. 아브라함이 믿었던 약속이 그대로 성취되었는데 그것은 무엇입니까?(13~14)

9. 하나님이 아브라함에게 두 번째 나타나셔서 축복의 재확인으로 주신 내용을 정리해 보십시오.(15~18)

10. 나홀의 족보를 말해 보십시오.(20~24)

(나홀은 이삭의 처가 되는 리브가의 집안사람으로, 나홀도 이스라엘이나 이스마엘처럼 열두 아들이 있었다.)

말씀의 깨달음

1. 하나님이 아브라함에게 최고의 제사인 번제를 그것도 독자를 바치는 (이교의 몰렉 신과 같은) 일로 시험한 이유는 무엇입니까? 아울러 이것에 대한 아브라함의 순종과 믿음을 말해 보십시오.(참고, 히 11:19; 약 2:21)

Tip 이삭을 바치는 시험은 하나님이 아브라함에게 주는 마지막 시험입니다. 일종의 기말시험과 같습니다. 이삭을 바치는 행위는 아브라함의 입장에서 보면 이해할 수 없는 상식 밖의 요구입니다. 그러나 이것을 통과하지 않으면 진정한 믿음에 이를 수 없습니다. 우리의 생각과 경험과 상식을 뛰어넘는 그런 신앙의 단계로 나아가야 합니다. 생각을 초월한 신앙이 될 때 하나님 앞에 가까이 서게 됩니다. 그것은 자기를 포기하고 모두 버리는 단계까지 갈 때 가능한 일입니다.

2. 이삭을 잡아 칼로 죽이려는데 하나님이 아브라함을 부르시면서 급하게 막으셨습니다. 이 장면은 우리에게 어떤 영적 교훈을 주고 있습니까? 아울러 이삭의 위대한 점도 말해 보십시오.

Tip 성경은 이삭의 모습을 자세히 기록하지 않았습니다. 아브라함의 칼을 맞아들이는 이삭의 마음은 어떠했을까요? 어떻게 그런 순종의 믿음이 이삭에게 생겼을까요? 대단한 믿음입니다. 아버지 하나님이 나의 하나님이라는 고백 없이는 불가능한 일입니다. 알고 보면 우리의 모든 문제는 신앙과 생활을 일치시키지 못하는 데서 생깁니다.

3. 하나님은 아브라함에게 두 번 나타나셨는데 한 번은 시험을 위해, 한 번은 축복을 위해 나타나셨습니다. 하나님이 오늘 우리에게 요구하시는 신앙은 무엇인지 말해 보십시오.

Tip 하나님이 우리에게 축복의 하나님으로 나타나시기 전까지 하나님은 시험하시는 하나님으로 나타나십니다. 고난과 어려움을 주시는 하나님이십니다. 고난 없는 영광은 없습니다. 십자가의 고난을 통하여 부활의 영광이 나타났듯이 우리에게도 축복을 받기 전에 우리를 버리게 하고 겸손하게 하시는 경험이 선결되어야 합니다.

말씀의 실천

1. 오늘 말씀을 통해 깨달은 영적교훈과 붙잡아야 할 약속의 말씀은 무엇입니까?

2. 오늘 말씀을 통해 실천에 옮겨야 할 내용과 한 주간 실천계획을 세워 보십시오.

3. 오늘 말씀을 통해 얻은 각오와 신앙의 결단을 말해 보십시오.

4. 오늘 이 시간 내가 드려야 할 기도는 무엇입니까?(기도 제목을 놓고 각자 기도한다)

내가 깨달은 영적 교훈과 삶의 적용

SCENE 18

사라의 죽음과 미래의 약속

| 성경 본문 | 창세기 23:1~20

23장은 사라의 죽음과 아브라함이 막벨라 굴을 매입하여 그의 아내 사라를 장례한 내용을 그리고 있습니다. 막벨라 굴은 아브라함의 가족 묘지로 가나안 땅이 곧 아브라함의 자손에게 기업이 된다는 것을 상징적으로 보여줍니다. 비록 작은 묘지에 불과하지만 이곳은(헤브론) 후에 다윗의 본거지가 되고 이스라엘을 세우는 핵심적인 장소가 됩니다. 먼 미래를 보면서 하나님의 약속을 막벨라 굴에 심은 아브라함의 이런 행동은 믿음의 사람은 이 땅이 아니라 하나님의 약속을 바라보고 사는 삶임을 말해 주고 있습니다.

말씀의 살핌

1. 사라는 몇 살을 살았습니까? 사라가 죽는 장면을 말해 보십시오.(1~2)

2. 아브라함은 사라의 매장지를 위해서 어떻게 했습니까?(3~4)
(고대인은 화장했으나 히브리인은 매장했다.)

3. 헷 족속이 아브라함에게 무엇이라 말했는지 정리해 보십시오.(5~6)

4. 아브라함은 헷 족속이 허락하자 어떤 장소를 어떻게 요구했습니까?(7~9)

5. 유력한 자(추장 정도) 에브론이 아브라함에게 어떤 호의를 베풀었습니까?(10~11)

6. 아브라함은 땅을 거저주겠다는 헷 족속 에브론의 제안을 거절하고 어떻게 값을 지불했습니까?(12~16)

7. 아브라함이 사라의 매장지로 얻은 막벨라에 있는 땅의 모습을 이야기해 보십시오.(17~20)

말씀의 깨달음

1. 아브라함은 거부였음에도 막상 자기 아내 사라가 죽을 때는 매장지도 없는 나그네 상황이었습니다. 이것을 통해 얻은 교훈은 무엇입니까?(참고, 히 11:8~17)

Tip 아브라함은 이 세상에 소망을 두기보다는 하늘의 소망을 바라보고 살았습니다. 그를 지탱한 것은 이 세상의 영광이 아닌 하나님이 주시는 약속이었습니다. 이 약속은 세상에서만 이루어지는 것이 아닌 영원히 이루어지는 약속입니다. 당장 약속이 이루어지지 않아도 언젠가는 이루어질 그날을 꿈꾸었습니다. 이런 아브라함에게 땅은 일시적인 소유의 땅이 아닌 약속의 땅이었습니다. 그런 이유로 아브라함은 세상의 땅에 지배당하지 않았습니다.

2. 아브라함이 매장지를 구하자 헷 족속은 거저주겠다고 했습니다. 이 모습을 통해 아브라함이 이웃 속에서 어떤 믿음의 모습이었는지 말해 보십시오.

Tip 아브라함의 믿음이 위대한 것임을 증명하는 장면입니다. 이방 속에서도 인정을 받는 아브라함은 오늘 그리스도인이 바라보아야 할 이상형입니다. 나의 믿음은 이웃 속에서 얼마나 나타나고 있습니까?

3. 아브라함은 약속을 바라보면서 막벨라 굴의 매장지를 은 사백의 값을 지불하고 샀습니다. 이것은 후에 나타나는 미래의 약속과 어떤 관계가 있습니까? 아울러 아브라함의 비전과 믿음과 오늘날 우리의 믿음을 비교해 보십시오.(참고, 행 7:16; 창 49:31~32)

Tip 당장은 눈에 보이지 않지만 먼 미래를 바라보고 이스라엘이 차지할 약속을 막벨라 굴에 심는 아브라함의 모습은 참 멋있습니다. 이것은 믿음이 아니고서는 불가능한 일입니다. 당장 눈앞에 닥치는 일이 아니면 헌신하지 않으려는 우리 모습과 정반대입니다. 현실적인 눈으로 보면 아브라함의 이런 모습은 바보 같아 보입니다. 어떤 약속이 꼭 나에게 이루어지지 않고 다음 세대에 나타나도 그것을 나의 것으로 받아들이는 것이 믿음입니다. 내가 성공하지 않아도 이 일을 통하여 나와 상관없는 다른 사람을 성공하게 하는 것이 진정한 믿음입니다. 나에게 이런 순수한 믿음은 어느 정도 있나요?

말씀의 실천

1. 오늘 말씀을 통해 깨달은 영적교훈과 붙잡아야 할 약속의 말씀은 무엇입니까?

2. 오늘 말씀을 통해 실천에 옮겨야 할 내용과 한 주간 실천계획을 세워 보십시오.

3. 오늘 말씀을 통해 얻은 각오와 신앙의 결단을 말해 보십시오.

4. 오늘 이 시간 내가 드려야 할 기도는 무엇입니까?(기도 제목을 놓고 각자 기도한다)

내가 깨달은 영적 교훈과 삶의 적용

SCENE 19

이삭의 신부 찾기

| 성경 본문 | 창세기 24:1~27

23장은 장례식이 나오지만 24장은 결혼식이 나옵니다. 슬픔과 기쁨이 공존하는 장면입니다. 아브라함은 아내를 잃은 슬픔과 아울러 며느리를 얻는 기쁨을 맞이하게 됩니다. 그리스도인의 삶은 언제나 이 두 삶이 교차하여 나타납니다. 특히 오늘 본문은 자녀의 결혼이 인간의 방법이 아닌 하나님의 방법으로 되어짐을 말하고 있다는 점에서 중요한 의미를 지니고 있습니다. 아들 이삭을 이방 사람과 결혼시키지 않고 믿음의 딸과 결혼시키기 위하여 아들을 40세 될 때까지 미혼으로 남기면서 하나님의 때를 기다리고 준비한 모습이 인상적입니다.

말씀의 살핌

1. 아브라함의 지금 상태는 어떤 모습입니까?(1)

2. 아브라함은 자기의 모든 소유를 어떻게 하였습니까? 그리고 그에게 무슨 사명을 맡기는 서약을 합니까?(2~4)

3. 종 엘리에셀(15:2)은 어떤 문제를 아브라함에게 물었습니까?(5~6)

4. 아브라함은 종 엘리에셀에게 무엇을 특별히 명했습니까?(7~9)

5. 종은 아브라함의 명대로 이삭의 아내를 찾아 나섰는데 그 모습을 말해 보십시오.(10)

6. 우물가에서 종이 무엇이라 기도했는지 말해 보십시오.(11~14)

7. 엘리에셀이 말을 마치지 못하여서 그의 기도대로 누가 나왔는데 그녀는 누구입니까? 그리고 그녀의 이력을 정리해 보십시오.(15~16)

8. 엘리에셀이 기도대로 물을 마시게 하라고 하자 리브가는 어떻게 했습니까?(17~20)

(중동 지방의 우물은 거의 몇 개의 계단을 내려가야 있었다. 예루살렘의 우물은 열 계단을 내려가야만 했다. 깊은 곳으로 내려가 물을 길어야만 했다.)

9. 종은 리브가가 하나님께서 정하신 신부인지를 분별하기 위하여 어떻게 했습니까? 그것에 대한 확신을 얻고 하나님께 감사 기도한 내용을 말해 보십시오.(21~27)

말씀의 깨달음

1. 아브라함이 며느리를 선택한 기준은 분명했습니다. 노총각이 된 이삭이 믿음의 선택을 하기까지 기다렸다가 하나님의 사람을 선택하는 과정을 통해 느낀 점은 무엇입니까?

Tip 나의 결정을 따르기보다는 전적으로 하나님의 인도하심을 기다리는 것이 믿음입니다. 억지로 이루어지는 것이 아닌 자연스럽게 이루어지는 하나님의 역사를 바라보는 믿음을 가져야 합니다. 그것에 비해 나는 얼마나 조급하고 인위적인 조작된 믿음을 추구하는지…….

2. 아브라함은 왜 이삭을 같이 보내지 않고 종 엘리에셀만 보내어 아내를 구해 오게 했습니까?(참고, 출 23:20, 23, 33:2; 민 20:16)

Tip 자기 아내가 될 사람을 보고서 결혼해야 하는 것이 이치인데 이삭은 자기의 아내 삼는 일을 아버지에게 전적으로 위임합니다. 아버지가 위임한 종 엘리에셀을 믿고 또한 받아들입니다. 결코 쉽지 않은 일임에도 이삭은 순종합니다. 나는 하나님이 위임한 주의 종을 얼마나 신뢰하고 따릅니까?

3. 종 엘리에셀의 충성됨과 믿음의 위대성에 대해서 말해 보십시오.(참고, 요 7:17)

Tip 하나님의 뜻을 행하기 위해서 모든 것을 바치는 종의 모습은 실로 감동적입니다. 그런 사람에게 하나님은 지혜를 주시고 어려운 상황을 해결하게 하십니다. 하나님께 순종하려고 마음을 정하면 그때 하나님이 지혜를 주십니다. 하나님의 지혜가 먼저입니까, 아니면 나의 마음이 먼저입니까?

4. 엘리에셀이 이삭의 아내를 선택하는 과정을 보면서 오늘날 우리들이 배워야 할 배우자 선택의 교훈을 말해 보십시오.

Tip 이삭의 나이가 40이 다 되어도 아직 결혼하지 않은 것은 믿음의 사람을 찾기 위함입니다. 결혼을 늦게 해도 믿음의 사람을 동반자로 삼아야 합니다. 단 하루를 살아도 믿음으로 사는 심정으로 하나님의 인도하심을 받아야 합니다. 우리는 얼마나 조급하게 생각하며 하나님의 뜻을 저버리고 가정을 이룹니까? 약속 중심으로 산다면 당연히 짝도 하나님이 주실 줄 믿어야 하지 않을까요?

말씀의 실천

1. 오늘 말씀을 통해 깨달은 영적교훈과 붙잡아야 할 약속의 말씀은 무엇입니까?

2. 오늘 말씀을 통해 실천에 옮겨야 할 내용과 한 주간 실천계획을 세워 보십시오.

3. 오늘 말씀을 통해 얻은 각오와 신앙의 결단을 말해 보십시오.

4. 오늘 이 시간 내가 드려야 할 기도는 무엇입니까?(기도 제목을 놓고 각자 기도한다)

내가 깨달은 영적 교훈과 삶의 적용

SCENE 20

헌신모델이 되는 종 엘리에셀

| 성경 본문 | 창세기 24:28~49

리브가와 이삭의 결혼을 위해 파송된 아브라함의 종 엘리에셀은 자기의 임무를 성실히 수행합니다. 특히 엘리에셀은 충성과 지혜가 돋보이는 훌륭한 종의 모델입니다. 아브라함이 신뢰하는 종 엘리에셀은 모든 권한을 부여받고 이삭의 아내인 리브가를 찾아 결혼에 이르게 하는 역할을 합니다. 임무수행 과정에서 엘리에셀의 정확하고 세심하며 풍부한 감동과 설득력을 겸비한 모습이 그대로 나타나고 있습니다. 이런 엘리에셀에 대해 신부 가족은 일언반구의 이의가 없었을 것입니다. 이렇게 신뢰할 만한 종을 아브라함이 제자로 훈련해 냈다는 것이 놀랍습니다.

말씀의 살핌

1. 리브가가 집으로 달려가서 이 사실을 고하자 오빠 라반은 어떻게 했습니까?(28~31)

2. 종 엘리에셀이 라반의 집에 초대되어 어떤 대접을 받았는지 말해 보십시오.(32~33)

3. 종은 분명히 자기 사명을 알았던 사람이었는데 무엇을 통해 그것을 확인할 수 있습니까?(33)

4. 종 엘리에셀이 여기에 온 이유를 라반에게 말하는데 그 내용을 정리해 보십시오.

1) 아브라함이 자기에게 준 사명(37~41)

2) 자기가 드린 기도 내용(42~44)

3) 기도의 응답으로 이루어진 일들(45~48)

5. 종은 사실을 말하고 결혼의 결정권을 누구에게 맡깁니까?(49)

말씀의 깨달음

1. 엘리에셀은 자기의 사명을 분명히 알고 주인 아브라함의 뜻을 명확하게 파악하며 그것에 순종했습니다. 그는 자기의 존재를 인식하며 일을 처리했는데 이러한 모습은 오늘날 우리들과 주님의 관계를 보여주고 있습니다. 구체적으로 어떤 것들인지 말해 보십시오.

Tip 주님을 절대 신뢰하고 약속을 따르는 것이 쉽지 않은 이유는 주님에 대한 우리의 믿음이 부족해서입니다. 아브라함의 종인 엘리에셀이 주인인 아브라함을 따르고 그 마음에 합한 모습으로 주어진 일을 실천한 것처럼 오늘 우리들도 그런 마음을 품어야 합니다. 이는 자기 일이 아닌 하나님의 일을 감당한다는 믿음이 있을 때 가능합니다.

2. 종 엘리에셀은 주인이라는 말을 본문에서 22번이나 말하고 있습니다. 본문에서 "나의 주인" 이라는 단어를 찾아보고 이것을 통해서 발견되는 종 엘리에셀의 위대한 점을 말해 보십시오. 이는 그리스도의 예표로 주인된 주님을 대하는 우리들의 자세이기도 합니다.

Tip 나는 정말 주님을 나의 주인으로 믿고 절대 순복하고 있습니까? 철저히 자기를 낮추는 삶을 살 때만이 주님은 나의 주님이 됩니다. 자신을 늘 그리스도의 노예처럼 생각했던 바울처럼 우리의 청지기 의식은 중요합니다. 남을 종처럼 섬기는 자가 높은 자가 됩니다. 비록 신분은 종이었지만 그의 믿음은 위대합니다. 모든 것을 위임한 아브라함에게도 엘리에셀은 참으로 소중한 사람이었습니다.

3. "여호와께서 나를 바른 길로 인도하사 나의 주인의 동생의 딸을 그의 아들을 위하여 택하게 하셨"(48)다는 말씀은 종에게 모든 것을 맡기고 보내는 주인 아브라함의 신앙과 꼭 닮았습니다. 이것을 통해 하나님의 인도하심에 대해서 말해 보십시오.(참고, 창 45:7~8; 잠 16:9; 신 31:8; 시 37:5~6, 23~24)

Tip 그 주인의 그 종입니다. 좋은 주인 밑에서 좋은 종이 나옵니다. 좋은 믿음을 가진 아브라함을 통하여 좋은 종 엘리에셀이 나옵니다. 아마 종 엘리에셀은 아브라함을 그대로 본받았던 것 같습니다. 오늘 우리도 주님이 하셨던 방식으로 세상을 섬기고 하루하루를 산다면 얼마나 좋을까요?

말씀의 실천

1. 오늘 말씀을 통해 깨달은 영적교훈과 붙잡아야 할 약속의 말씀은 무엇입니까?

2. 오늘 말씀을 통해 실천에 옮겨야 할 내용과 한 주간 실천계획을 세워 보십시오.

3. 오늘 말씀을 통해 얻은 각오와 신앙의 결단을 말해 보십시오.

4. 오늘 이 시간 내가 드려야 할 기도는 무엇입니까?(기도 제목을 놓고 각자 기도한다)

내가 깨달은 영적 교훈과 삶의 적용

SCENE 21

이삭과 리브가의 결혼

| 성경 본문 | 창세기 24:50~67

이삭과 리브가의 결혼 성사 이야기는 부부가 만나는 과정과 그 속에 나타난 하나님의 섭리와 인도하심을 볼 수 있는 대목입니다. 하나님이 준비하신 결혼임을 인식한 리브가의 아버지와 오빠가 청혼을 수락하면서 이삭과 리브가의 결혼은 성사됩니다. 하나님의 뜻에 따라 이루어지는 그리스도인의 결혼의 모습을 보여주는 좋은 모델이라 할 수 있습니다. 인간의 뜻대로 선택하지 않고 하나님의 뜻에 따라 선택하는 결단과 믿음은 우리에게 많은 도전을 주고 있습니다.

말씀의 살핌

1. 아브라함의 종의 말을 들은 라반과 브두엘은 어떻게 결정했습니까?(50~51)

2. 아브라함의 종은 이 말을 듣고 어떻게 했습니까?(52~54)

3. 종은 열흘 정도 더 머물고 가라는 리브가의 어머니와 오라비의 청을 어떻게 거절했습니까?(55~56)

4. 리브가는 이런 종의 모습을 보고서 어떻게 행동했습니까?(57~58)

5. 라반은 리브가에게 어떤 축복을 했습니까?(59~60)

6. 리브가와 이삭은 서로 어떻게 만났습니까? 처음 만나는 장면을 말해 보십시오.(61~65)

7. 이삭과 리브가는 부부로서의 삶을 어떻게 시작했습니까?(67)

말씀의 깨달음

1. 이삭의 아내 리브가를 선택하는 과정을 통해서 느끼는 영적 도전은 무엇입니까?

Tip 종 엘리에셀이 선택하여 데리고 온 리브가를 그대로 맞이한다는 것은 상식적으로 이해하기 힘듭니다. 그것은 아버지 아브라함에 대한 이삭의 믿음이 분명했기 때문이고 하나님을 믿는 믿음으로 한 일은 곧 자기가 하는 일이라는 생각 때문입니다. 꼭 자기가 하지 않아도 하나님의 뜻에 따라 하는 행동은 곧 내가 하는 일이라는 생각이 그렇게 위대한 결정을 하게 하지 않았을까요?

2. 결혼의 성사 여부를 인간의 뜻에 따르지 않고 하나님의 뜻을 따라 찾아가는 아브라함의 종과 라반과 부두엘과 리브가와 이삭의 모습을 찾아보고 그것이 주는 의미를 이야기해 보십시오.

Tip 하나님의 뜻을 어떻게 알 수 있을까요? 그것은 주위의 일을 보면 압니다. 자연스럽게 이어지는 주변의 일이야말로 하나님의 뜻을 알 수 있는 가장 좋은 방법입니다. 특별히 직접 들리는 하나님의 음성을 찾기보다는 일상생활 속에서 주변 사람들을 통하여 역사하는 일에 순종하면서 하나님의 뜻을 찾아간다면 그 속에서 하나님의 인도하심을 발견하게 됩니다.

3. 이삭은 자기 아내를 스스로 선택하지 않고 묵상하면서 기다리다가 리브가를 만나게 된 일을 보고 하나님의 섭리인 줄 알았습니다. 그는 즉시 결혼을 승낙했는데 이 과정을 보면서 그리스도인이 지향해야 할 바람직한 결혼에 대한 자세가 무엇인지 말해 보십시오.

Tip 결혼은 전적으로 하나님의 인도하심에 따라야 합니다. 배우자는 내가 선택하는 것이 아닌 하나님의 선택으로 이루어져야 합니다. 내가 선택하게 되면 언제든지 그만 둘 수 있습니다. 그러나 하나님이 선택하신 것은 하나님의 허락 없이는 함부로 할 수 없습니다. 결혼은 하나님의 역사를 이루는 중요한 시작점입니다. 결혼은 하나님의 약속을 이루는 것과 관계가 있습니다.

말씀의 실천

1. 오늘 말씀을 통해 깨달은 영적교훈과 붙잡아야 할 약속의 말씀은 무엇입니까?

2. 오늘 말씀을 통해 실천에 옮겨야 할 내용과 한 주간 실천계획을 세워 보십시오.

3. 오늘 말씀을 통해 얻은 각오와 신앙의 결단을 말해 보십시오.

4. 오늘 이 시간 내가 드려야 할 기도는 무엇입니까?(기도 제목을 놓고 각자 기도한다)

내가 깨달은 영적 교훈과 삶의 적용

SCENE 22

아브라함의 죽음과 그의 후예들

| 성경 본문 | 창세기 25:1~18

아브라함의 역사가 끝나고 이삭의 역사가 시작되는 전환점이 다가왔습니다. 아브라함의 복이 이삭에게 그대로 계승되고 있습니다. 본문은 이삭과 더불어 이스마엘의 역사를 소개하는데 이것은 하나님이 약속하신 대로 그를 통하여 열두 방백이 생기게 됨을 말하고 있습니다(창 17:20). 아브라함의 믿음의 전수가 다음 세대에 어떻게 이어지고 있는지 잘 말해주고 있습니다. 나이 순서가 아닌 믿음에 따라 동생 이삭에게 믿음의 상속권이 넘어갔는데, 이는 인간의 방법과 다른 하나님의 믿음의 선택 과정을 그려주고 있습니다. 약속을 물려주면 비록 육신이 죽어도 영원히 사는 것임을 아브라함의 죽음의 사건에서 교훈하고 있습니다.

말씀의 살핌

1. 아브라함의 후처는 누구며 그의 자손은 누구인지 말해 보십시오.(1~4)

2. 아브라함은 자기의 모든 소유를 어떻게 했습니까?(5~6)

3. 아브라함은 몇 살 때 죽었습니까?(7~8)

4. 아브라함이 장사된 곳은 어디입니까?(9~10)

5. 아브라함이 죽은 후에 하나님은 누구에게 복을 주셨습니까?(11)

6. 이스마엘의 열두 방백의 족보에 대해서 말해 보십시오.(12~16)

7. 이스마엘은 언제 죽었으며 그 자손들은 어디에 거하게 되었습니까?(17~18)

말씀의 깨달음

1. 아브라함은 전에 아내 사라를 위하여 헷 족속에게서 산 막벨라 굴에 같이 장사되었습니다. 이 장소는 어떤 의미가 있습니까? 이곳에 장사 지낸 사람들이 누구인지 말해 보십시오.(참고, 창 23:16~20, 49:31~32)

Tip 아브라함이 산 막벨라 굴은 단순한 가족 무덤이 아닙니다. 미래의 약속을 품고 자손 대대로 하나님의 약속을 이루는 꿈의 동산입니다. 나중에 이곳이 이스라엘의 국가를 이루는 본거지인 헤브론이 됩니다. 이것은 다윗이 후에 통일왕국을 세우는 데 기여했습니다.

2. 아브라함은 믿음을 자녀에게 연결해 주고 하나님께로 돌아갔습니다. 인간의 서열순위인 이스마엘이 아닌 이삭을 통해서 하나님의 약속이 연결되어 나가는 과정을 보면서 하나님의 역사에 대해서 느끼는 점은 무엇입니까?

Tip 가장 소중한 유산은 믿음입니다. 이것은 영원히 이어지는 특징이 있습니다. 자녀에게 믿음을 물려주고 그 믿음으로 가문을 이어가게 한다면 이보다 아름다운 일은 없습니다. 아브라함이 품은 비전은 이런 것이었습니다. 마치 릴레이 주자들이 연결되어 목표 지점에 이르듯이 아브라함의 믿음의 주자들이 자손 대대로 이어져 다윗을 거쳐 나중에는 예수 그리스도로 이어졌고 오늘 우리까지 왔습니다. 우리가 감히 이런 믿음의 주자 대열에 함께할 수 있다는 것은 행복한 축복입니다.

3. 이스마엘은 선택받지 못한 사람임에도 하나님께서 그를 사랑하셔서 이미 말씀하신 약속대로 그에게 열두 방백의 자손들이 퍼져 나가도록 했습니다. 이것은 우리에게 어떤 의미가 있으며 하나님의 선택을 받은 이삭과 다른 점은 무엇입니까? 이것이 주는 영적 교훈은 무엇입니까?

Tip 이삭은 약속의 주체로서 선택받은 인물이지만 이스마엘은 약속을 이루게 하는 도구로서 선택받은 인물입니다. 하나님께서 바벨론과 페르시아를 사용한 것처럼, 이스마엘은 이삭이 약속을 이루는 데 필요한 하나님의 막대기로 사용됩니다. 기왕이면 선한 하나님의 도구로 사용되는 약속의 주인공이 되어야 하지 않을까요?

말씀의 실천

1. 오늘 말씀을 통해 깨달은 영적교훈과 붙잡아야 할 약속의 말씀은 무엇입니까?

2. 오늘 말씀을 통해 실천에 옮겨야 할 내용과 한 주간 실천계획을 세워 보십시오.

3. 오늘 말씀을 통해 얻은 각오와 신앙의 결단을 말해 보십시오.

4. 오늘 이 시간 내가 드려야 할 기도는 무엇입니까?(기도 제목을 놓고 각자 기도한다)

내가 깨달은 영적 교훈과 삶의 적용

저자 이대희 목사

장로회 신학대학교 신학대학원(M.Div)과 연세대학교 연합신학대학원(Th.M)을 졸업하고 현재 에스라성경대학원대학교 성경학박사(D.Liit) 과정 중이다.
예장총회교육자원부 연구원과 서울장신대학교 신학과 교수를 역임하고 서울 극동방송에서 "알기쉬운성경공부" "기독교 이해" 등 프로그램을 진행했다. 지난 20여 년 동안 성서사람 · 성서한국 · 성서교회 · 성서나라의 모토를 가지고 한국적 성경교육과 실천사역을 위해 집필과 세미나와 강의사역을 하고 있다. 현재 바이블미션(www.bible91.org) 대표, 꿈을주는교회 담임목사, 독수리기독중고등학교 성경교사, 강남성서신학원 외래교수, 서울장신대 겸임교수로 사역 중이다.
저서로 《30분성경공부시리즈》《투데이성경공부시리즈》《아름다운 십대성경공부시리즈》《이야기대화식성경연구》《성경통독을 위한 11가지 리딩포인트》《심방설교 이렇게 준비하라》《예수님은 어떻게 교육했을까?》《1% 가능성을 희망으로 바꾼 사람들》《자녀를 거인으로 우뚝 세우는 침상기도》《하룻밤에 배우는 쉬운 기도》《하나님 이것이 궁금해요》《크리스천이 꼭 알아야 할 100문 100답》 등 100여 권이 있다.

창세기

초판 1쇄 발행일 / 2007년 9월 5일
초판 3쇄 발행일 / 2017년 1월 23일

지은이 / 이대희
펴낸이 / 김학룡
펴낸곳 / 엔크리스토
마케팅 / 이동석, 유영진
관리부 / 김동인, 신순영, 정재연, 박상진

출판등록 / 2004년 12월 8일(제2004-116호)
주 소 / 경기도 고양시 일산동구 장대길 74-10 (장항동)
전 화 / 031-906-9191 팩 스 / 0505-365-9191
이메일 / 9191@korea.com
공급처 / 기독교출판유통

값 3,500원

성서사람 · 성서교회 · 성서한국 · 성서나라를 꿈꾸는 **엔크리스토 성경대학**을 소개합니다!

특 징

성경 66권을 쉽고 재미있게, 깊이 있게 배우면서 한국적 토양에 맞는 현장과 삶에 적용하는 한국적 성경전문학교

모집과정(반별로 2시간씩이며 선택 수강 가능)

- 성경주제반: 성경의 중요한 핵심 120개의 주제를 소그룹의 토의와 질문을 통하여 배운다.(투데이성경공부/30분성경공부)
- 성경개관반: 66권의 성경 전체의 맥과 흐름을 일관성 있게 잡아준다.(잘 정리된 그림과 도표와 본문 사용)
- 성경책별반: 66권의 책을 구약과 신약 한 권씩 선정하여 워크숍 중심으로 학기마다 연구한다.(3년 과정)

모집대상

목회자반/ 신학생반/ 평신도반(교사, 부모, 소그룹 양육리더, 구역장, 중직)

시 간

월~목요일(오전 10시 30분~오후 5시 30분/ 개관반 · 책별반 · 주제반)

수업학제

겨울학기 : 12~2월 | 봄학기 : 3~6월 | 여름학기 : 7~8월 | 가을학기 9~11월

(자세한 내용은 홈페이지 참조 요망. 학기마다 사정에 따라 일자가 변경될 수 있음)

수업의 특징

- 이야기대화식 성경연구방법으로 12주(3개월 과정) 진행
- 전달이나 주입식이 아닌 성경 보는 눈을 열어주고 경험하게 하면서 성경의 보화를 스스로 캐는 능력을 터득하게 하는 방법을 지향하며 소그룹 워크숍 형태로 진행

강사 : 이대희 목사와 현직 성서학 교수와 현장 성경전문 강사

장소 : 바이블미션
서울시 송파구 가락동 96-5(지하철 8호선 가락시장역)

신청 : 개강 1주일 전까지 선착순 접수(담당 : 채금령 연구간사)

문의 : 바이블미션–엔크리스토 성경대학(016-731-9078, 02-403-0196)
(홈페이지 www.bible91.org)